Felix Leibrock, Melanie Som
Karin Wolf (Hrsg.)

MÜNCHEN MIT ANDEREN AUGEN SEHEN

23
Stadtrundgänge zu besonderen Orten

Volk Verlag München

Bildnachweis
Altkatholische Kirche München/Foto: Andreas von Mendel: 59
(Theodor von Pixis: Ignaz von Döllinger)
Claudia Dörner: Titelbild, 16, 19, 23, 24, 28, 40, 42, 62, 67, 68, 69, 70, 73, 76, 78,
81, 84, 87, 92, 94, 116, 158, 160, 164, 170, 172
Bianca Herma Schlömer: 32, 34, 36, 46, 48, 53, 54, 57, 61, 98, 104,
106, 110, 119, 120, 124, 126, 130, 132, 138, 140, 144, 146, 148, 152, 154
Shutterstock: 113

Die Deutsche Bibliothek verzeichnet diese Publikation in der
Deutschen Nationalbibliografie; detaillierte bibliografische Daten
sind im Internet über http://dnb.ddb.de abrufbar.

© 2018 by Volk Verlag München
Neumarkter Straße 23; 81673 München
Tel.: 0 89/420 79 69 80; Fax: 0 89/420 79 69 86

Druck: Himmer, Augsburg

ISBN 978-3-86222-247-6
www.volkverlag.de

INHALT

VORWORT Die Erinnerung an die sonntäglichen Spaziergänge mit den Eltern, denen ich mich in meinen Kinder- und frühen Jugendjahren nicht immer erfolgreich entziehen konnte, verursacht bei mir heute noch gelangweiltes Gähnen. Zu sagen gab es wenig, die altbekannten Straßen und Wege versprachen in aller Regel weder Anregungen noch Entdeckungen. Und Bewegung an der frischen Luft hatte ich unter der Woche bei interessanteren Unternehmungen. Als Erwachsener änderte sich all das. Gemeinsam zwar ohne Hast, aber beschwingt in Bewegung zu sein, bringt auch Geist und Sinne in Bewegung. Ein Spaziergang inspiriert dazu, miteinander ins Gespräch zu kommen über das, was uns bewegt. Die Wege durch München, die von den Autorinnen und Autoren ausgesucht worden sind, geben uns zudem Anregung, uns von Wahrnehmungen bewegen zu lassen, für die unsere Sinne oft keine Zeit haben, wenn wir nur möglichst schnell ein Ziel erreichen wollen. Was wir auf den Touren zu sehen, manchmal auch zu hören und geradezu zu fühlen bekommen, vermischt sich mit unseren eigenen Gedanken und erzählt uns seine Geschichten. Es macht unsere Sinne wach für das Leben, wie Menschen vor uns und um uns herum es verstanden haben und verstehen, wie sie anschaulich gemacht und ins Bild gesetzt haben, was sie bewegt.

So ist allen sehr zu danken, die über die Jahre hin an diesen außergewöhnlichen, höchst kreativen Prozessen ganzheitlicher Bildung mitgearbeitet haben, die das vorliegende Buch nun widerspiegelt. Melanie Sommer und Karin Wolf haben zusammen mit vielen Ehrenamtlichen aus evangelischen Kirchengemeinden in München die Touren entwickelt, ausgearbeitet und als „Spaziergangsleitungen" mit vielen Gruppen erprobt, unterstützt und ermuntert von Felix Leibrock, dem Geschäftsführer des Evangelischen Bildungswerkes München. Fotograf Thomas Braner hat nicht nur in bewährter Weise selbst ungewöhnliche Blickwinkel eröffnet, sondern auch Ehrenamtliche in dieser Kunst angeleitet. Petra Dahlemann hat die Autorinnen und Autoren mittels einer „Textwerkstatt" unterstützt.

Und schließlich gilt mein Dank dem Verlag und seinem Leiter Michael Volk, der zur Herausgabe des Buches ermuntert und dessen Entstehung engagiert und fachkundig begleitet hat.

München, 20. November 2017
Klaus Schmucker
Kirchenrat, Vorsitzender des *ebw* München

EINLEITUNG München – was kommt Ihnen dabei als erstes in den Sinn? Wer touristisch in der Stadt unterwegs ist, antwortet wahrscheinlich: das Hofbräuhaus – das Oktoberfest – der Marienplatz.

Und die Münchnerinnen und Münchner selbst? Sie haben ein differenziertes Bild von ihrer Stadt, von ihrem Viertel. Sie kennen so manche versteckte architektonische Schönheit, die ein oder andere Anekdote, oder können sich auf die Erinnerungen ihrer Vorfahren berufen. Ein anderes, detailreiches Bild von München zeigt sich jetzt. Eine Eisenbrücke, ein Wintergarten, ein Balken an einer Kirche – Details, die den Charme eines Stadtviertels ausmachen oder dessen Charakter prägen, aber im Alltag oft nicht wahrgenommen werden. Details, die für die Autorinnen und Autoren oftmals eine ganz persönliche Bedeutung haben.

Dreiundzwanzig Orte in vierzehn verschiedenen Stadtteilen stellen Ihnen die Autorinnen und Autoren vor. Orte, die zur inneren Einkehr ermuntern, die etwas typisch „Münchnerisches" zeigen, oft in Verbindung mit einer der vielen evangelischen Kirchen. Den Blick für diese besonderen Plätze in München zu öffnen, Sie dazu zu bewegen, im Alltag innezuhalten und die Stadt mit anderen Augen zu entdecken – das ist das Ziel dieses Buches.

Die Autorinnen und Autoren erzählen von unbekannten Orten, vom ehemaligen Hasenjagdrevier der Kurfürsten von Schleißheim über stille Plätze in der Innenstadt bis zu einem Ochsen auf der Schwanthalerhöhe. Historische Hintergrundinformationen ergänzen diese persönlichen Geschichten. Durch ausführliche Wegskizzen gestaltet von der Künstlerin Saba Bussmann können Sie die Touren auf eigene Faust unternehmen – oder die Spaziergänge gemeinsam mit dem Evangelischen Bildungswerk München erleben (www.ebw-muenchen.de).

Als ehrenamtliche Stadtteilführerinnen und Stadtteilführer engagieren sich die Autorinnen und Autoren seit 2013 im Projekt „München mit anderen Augen sehen". Für ihre Texte hat sie die bekannte Literaturwissenschaftlerin Petra Dahlemann geschult, die ihre

Eindrücke so zusammenfasst: „Aus textlicher Sicht waren vor allem die Momente für die Mitwirkenden und mich spannend, in denen man sich beim Überarbeiten dem ‚heißen Kern' der jeweiligen Ortsauswahl und seiner Beschreibung näherte. Viele hatten einen ganz klaren biografischen und sehr persönlichen Bezug zu dieser Station ihrer Führung. Die Arbeit am Text bedeutete auch, diesen Bezug herauszuarbeiten, ihnen selbst bewusst zu machen und einen Ausdruck dafür zu finden. Da es in den Führungen vor allem um historische Hintergründe geht, gab es eine Scheu, hier derartig persönlich zu werden. Oft konnten wir aber miteinander entdecken, dass die persönliche Erfahrung und der eigene Blick auf die Dinge gerade einen Anreiz für andere Menschen bedeuten, sich mit diesem Teil der Stadt und seiner Geschichte näher zu befassen. Arbeit am Stil und an der Sprache hieß in unserer Zusammenarbeit vor allem: dichter herangehen."

Die Fotografien in diesem Buch stammen von den Ehrenamtlichen Claudia Dörner und

Bianca Herma Schlömer. Gecoacht hat sie der Münchner Fotograf Thomas Braner. Er schreibt dazu: „Die Arbeit mit den beiden ehrenamtlichen Fotografinnen hat auch mir einige neue Einblicke und Sichtweisen auf München vermittelt. Es gibt noch vieles zu entdecken und erstaunlicherweise gibt es immer wieder neue Sichtweisen. Es ist trotz ständiger Präsenz von digitaler Bildaufzeichnung möglich, neue Bilder zu finden. Wieder einmal wurde mir bewusst, welch eine große Rolle die Persönlichkeit des Fotografen, der Fotografin bei der Umsetzung einer Bildidee spielt."

Erobern Sie sich München auf Ihre ganz eigene Weise! Die Weltstadt mit Herz mit ihren verborgenen und kleinen Schönheiten erwartet auch Sie!

München, 20. November 2017
Felix Leibrock, Melanie Sommer, Karin Wolf

ß Gott

HASENBERGL
ALLE SIND WILLKOMMEN

MEINE ERINNERUNG Auf der Wiese neben dem Hochhaus spielen Kinder, sie rufen einander in vielen Sprachen. Junge Mädchen mit und ohne Kopftuch flanieren, ein alter Mann lümmelt mit einer Bierflasche auf der Parkbank, zwei ältere Frauen schleppen ihre Einkaufstaschen. Und da drüben ist eine Eigentumswohnung mit schickem Vorgarten, Büschen und Bäumen in frischem Grün. Hier im Stadtteil war ich fast vierzig Jahre lang in der Behindertenarbeit tätig und machte auch Hausbesuche bei Familien. „Zusammen.Tun" ist das Leitbild der Diakonie Hasenbergl und meint: Menschen in ihrer Verschiedenheit akzeptieren und sie zur Eigenverantwortung ermutigen. Die „Hilfsbedürftigen" können wieder zu Akteuren ihres Lebens werden. Dafür engagiere ich mich.

Bis Anfang der 1970er Jahre hatte der **Stadtteil Hasenbergl** den Ruf eines „Glasscherbenviertels", ähnlich wie früher Giesing, Haidhausen und die Au. Das Bild in der Öffentlichkeit wurde durch eine negative Presseberichterstattung bestimmt, leider oft unterstützt durch Politiker und Verwaltung, obwohl die polizeilichen Stellen ständig erklärten, dass es im Hasenbergl nicht mehr Probleme gäbe als in anderen Stadtteilen auch.

1960 hatte Oberbürgermeister Hans-Jochen Vogel den Grundstein für die Siedlung aus 7.000 Sozialwohnungen, 400 Eigentumswohnungen und 48 Eigenheimen gelegt. Gemeinnützige Gesellschaften schufen Wohnraum für Familien mit geringem Einkommen, die zunächst u.a. aus Ostpreußen, Schlesien und Siebenbürgen kamen. Ein hoher Anteil waren Flüchtlinge aus der DDR.

Entscheidend für den schlechten Ruf des Stadtteils war das Lager „Frauenholz" am Schleißheimer Wald. In den ursprünglich für die Fliegertechnische Schule errichteten Baracken wohnten nach dem Einzug der

Amerikaner 1945 DPs, „displaced persons",
ukrainische und russische Flüchtlinge. 1953
kaufte die Stadt München das Lager, um dort
Obdach- und Heimatlose unterzubringen.

Prodekan Otto Steiner, Pfarrer an der Evangeliumskirche, war mit seiner Energie und Durchsetzungskraft eine wichtige Figur. Er initiierte soziale Einrichtungen wie den Sozialen Beratungsdienst, heute die Diakonie Hasenbergl e.V. – sie ist mit 400 Mitarbeitern und fünfzig Einrichtungen der größte Arbeitgeber im Stadtteil. Andere Wohlfahrtsverbände und die Landeshauptstadt München schufen weitere Einrichtungen, sodass sich zeitweilig ein für die soziale Arbeit fast problematisches Überangebot an Hilfsmöglichkeiten entwickelte. Daher das Leitbild „Zusammen.Tun": Es möchte Menschen befähigen, ihr Leben wieder aktiv zu gestalten.

Viele Sozialwohnungen sind inzwischen aus der Sozialbindung herausgenommen. Die Infrastruktur ist besser, die kulturellen Angebote vielfältig. Zur Zeit leben im Hasenbergl ca. 20.000 Einwohner aus vierzig Nationen. Das nachbarschaftliche Miteinander entwickelt sich. Die Presse und der Eigentumsmarkt nehmen den Stadtteil mit Wald und benachbarten Seen inzwischen als grüne Oase wahr.

U-Bahn-Station Hasenbergl, Kulturzentrum Ursprünglich war dieser Platz das gesellschaftliche und wirtschaftliche Zentrum der Siedlung Hasenbergl mit Ladenstraße, Brunnen und Gaststätte Mathäser. Seit 2012 gibt es das Kulturzentrum 2411 mit Stadtbibliothek, Volkshochschule und Räumen für den Bürgertreff. **→ Frühlingsanger** Das Hasenbergl ist eine in der Eiszeit entstandene natürliche Erhebung. Der Hügel wurde 1697 „Laimpichl" genannt. Hier befand sich das Hasenjagdrevier für die im Schloss Schleißheim weilenden Kurfürsten. 1960 legt Oberbürgermeister Hans-Jochen Vogel den Grundstein der Siedlung am Hasenbergl für den Bau von Sozialwohnungen. **→ Stanigplatz, katholische und evangelische Kirche / Diakonie Grüß-Gott-Haus** Die Evangeliumskirche und die Kirche St. Nikolaus sind Wahrzeichen und geistlicher Mittelpunkt des Stadtteils. Otto Steiner war von 1963 bis 1983 Pfarrer und Prodekan der Evangeliumskirche und eine prägende Persönlichkeit für den Stadtteil. **→ Kiefernwäldchen** Der Weg durch das Kiefernwäldchen führt an verschiedenen sozialen Einrichtungen der Diakonie wie dem Seniorenpavillon, dem Otto-Steiner-Platz und dem Tauschbuchladen vorbei. **→ Junge Arbeit – Diakonie Hasenbergl e.V.** Die Junge Arbeit in der Schleißheimer Straße 523 ist seit vielen Jahren der größte Betrieb der beruflichen Jugendhilfe in München und der wichtigste Ausbildungsplatz im Stadtteil. **→ Haus Lichtblick** Das Haus Lichtblick (kath. Träger) in der Thelottstraße 30 erfordert mit seinen vielfältigen Angeboten einen gesonderten Besuch. Hier werden Kinder, Jugendliche und junge Erwachsene von 1 Jahr bis 25 Jahren betreut. Alle stammen aus sozial schwachen und benachteiligten Familien. Das Haus liegt an einer Station auf dem Pilgerweg

HASENBERGL

Haus Lichtblick

Stadtteil-Café

ehem. Barackenlager Frauenholz

Wintersteinstr.

Fortnerstr.

Stösserstr.

Junge Arbeit –
Diakonie Hasenbergl e.V.

Grohmannstr.

Aschenbrennerstr.

Petrarcastr.

Kiefernwäldchen

Grüß-Gott-Haus

Evangeliumskirche

Schleißheimer Str.

Frühlingsanger

Blodigstr.

Dülferstr.

Kulturzentrum

Rainfarnstr.

U HASENBERGL

U DÜLFERSTR.

„Macht Barmherzigkeit. Weg der Hoffnung im Münchner Norden", der Station „Hungrige speisen". **→ Ehemaliges Barackenlager Frauenholz** Der Weg führt durch das nördlichste Hasenbergl und erinnert an das Barackenlager Frauenholz, das maßgeblich den schlechten Ruf des Hasenbergls prägte. Neben einfachen Mietshäusern sind auch Häuser mit komfortablen Eigentumswohnungen entstanden. **→ Stadtteil-Café** Das „Stadtteil-Café" (Wintersteinstraße 64) ist eine Beschäftigungs- und Qualifizierungseinrichtung der Diakonie für Frauen. Es ist ebenso ein Treffpunkt und Ort der Begegnung.

Kirchturm der katholischen St.-Nikolaus-Kirche im Hasenbergl

HUNGRIGE SPEISEN SATT WERDEN

URSULA WINTERL

MÜNCHNER NORDEN 1
WOVON WERDEN WIR SATT?

MEINE ERINNERUNG Mich berührt besonders das Thema der zweiten Station des Pilgerwegs „Macht Barmherzigkeit. Weg der Hoffnung im Münchner Norden ": „Hungrige speisen – satt werden". Gerade in München leben viele Menschen im Überfluss, aber andere erleben täglich Mangel. Daher sind Einrichtungen wie das „Haus Lichtblick" so wichtig, in dem Schulkinder ein warmes Mittagessen und Hausaufgabenbetreuung erhalten. Die Pfarrei Mariä Sieben Schmerzen im Hasenbergl gibt jede Woche durch die Münchner Tafel Lebensmittel an bedürftige Haushalte aus. Die Umgebung erinnert mich an meine frühere Tätigkeit als Schulsekretärin an der Grundschule im Hasenbergl. Dort gab es in den 1980er Jahren schon Mittagessen und Nachmittagsbetreuung. Wenn ich täglich die Straße am heutigen Haus Lichtblick zu meiner Schule ging, kannten mich fast alle Schülerinnen und Schüler und grüßten freundlich.

„Macht Barmherzigkeit. Weg der Hoffnung im Münchner Norden" ist ein auf Initiative der Evangelisch-Lutherischen Kirchengemeinde München-Freimann und der Pfarrei St. Katharina von Siena entstandenes ökumenisches Projekt anlässlich des Ökumenischen Kirchentags 2010. Dieser 15 Kilometer lange **Pilgerweg** verläuft quer zu den Sichtachsen von Schloss Schleißheim im Norden zu den Türmen der Münchner Frauenkirche. Stadthistorischer Hintergrund ist die sogenannte „Gegenreformationsachse" von Herzog Wilhelm V., der das mächtige Jesuitenkloster mit der Kirche St. Michael als Bollwerk des alten Glaubens errichtete. Sein Urenkel Kurfürst Max Emanuel ließ 150 Jahre später das Neue Schloss Schleißheim errichten. Nach dem Vorbild von Versailles führten Sichtachsen aus allen vier Himmelsrichtungen auf das Schloss als das sichtbare Zentrum der Macht zu. Der direkte Kanal zur Stadt musste wegen Wassermangel aufgegeben werden. An seine Stelle trat der Fürstenweg als Sonderfahrstraße mit Schranken für die fürstliche Gesellschaft. Nach dem verlorenen spanischen Erbfolgekrieg musste Max Emanuel 1715 seinen Traum von der Königskrone und dem Herrschaftssitz im Münchner Norden aufgeben. Dort, wo die Satdt sich nach seinen Vorstellungen entlang der beiden Achsen entwickeln und das Zentrum eines Wittelsbacher Großreichs angelegt werden sollte, entstanden stattdessen Kasernen, Kläranlagen, Müllberge und Siedlungen für Flüchtlinge sowie die lange Zeit größte Notunterkunftssiedlung Europas, das „Frauenholz".

Die früheren Achsen der Macht werden heute „durchkreuzt" von Achsen der Mitmenschlichkeit. Ein soziales Netzwerk von Caritas und Diakonie entstand für die Bewohner des Münchner Nordens mit ihren Problemen.

Der Pilgerweg führt durch sieben Gemeinden. Die zweite Station befindet sich an der Stadtgrenze direkt neben dem „Fürstenweg". Schwere rötliche Betonsteine sind mit einem Dach zu einem Tor zusammengefügt, darin ein Innenraum mit drei weißen, glänzenden Relieftafeln. Diese zeigen die Grundnahrungsmittel Weizen, Gerste und Reis. Durch die

Fugen der Stele scheint bei Mittagssonne das Licht in Form eines Kreuzes. Seitlich ist jeweils ein Werk der Barmherzigkeit in den Stein eingraviert. Pflanzenmotive stehen für die Einrichtungen, die „dem Hungrigen zu essen geben, dem Durstigen zu trinken, den Nackten bekleiden, den Fremden beherbergen, den Gefangenen und den Kranken besuchen und die Toten bestatten".

Karte zu Tour **Münchner Norden 1** und **Münchner Norden 2**

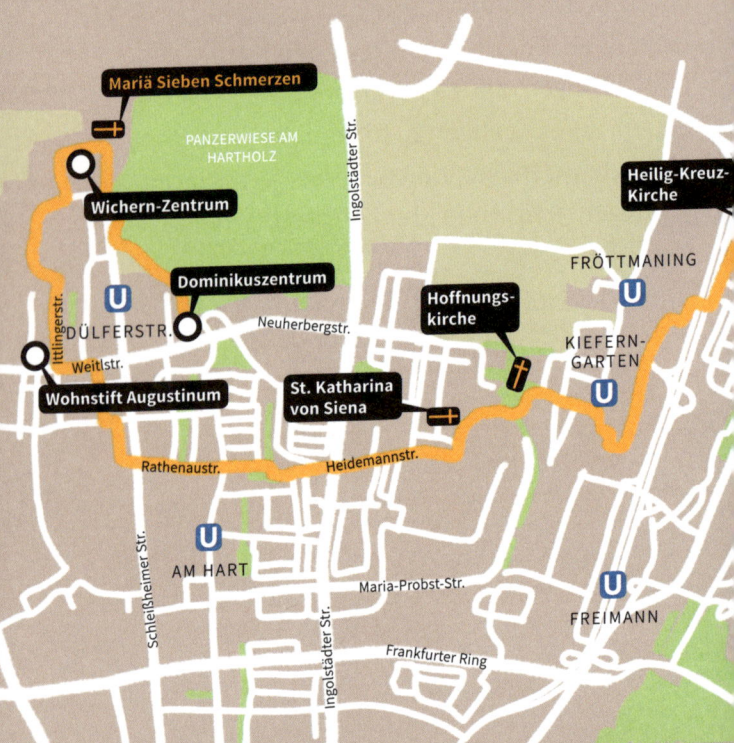

Dominikuszentrum „Gefangene befreien – Überleben können": Im Bildstock am Dominikuszentrum am Hildegard-von-Bingen-Anger sind die Gitter aus Efeu. Der immergrüne Efeu ist ein Symbol für das ewige Leben. Sieben Ranken stemmen sich in die Betonnische. Dadurch halten sie den Raum offen. Hier bäumt sich ewige Hoffnung gegen unsere Gefangenschaft in der Zeit, in Einsamkeit, Sinnlosigkeit und Armut auf. Das Caritas-Zentrum München-Nord bietet u.a. Sozial- und Schuldnerberatung an, um den Kreis von Armut und sozialer Isolation zu durchbrechen. → **Mariä Sieben Schmerzen** Der Blick fällt auf die Stele an der nördlichen Stadtgrenze. Im Innenraum befinden sich drei weiße Relieftafeln: die Grundnahrungsmittel Weizen, Gerste und Reis. „Hungrige speisen – satt werden" ist hier das Thema. Im benachbarten Haus Lichtblick bekommen Schulkinder ein warmes Mittagessen und Hausaufgabenbetreuung. Die Pfarrei bietet wöchentlich Lebensmittel für Bedürftige an. → **Wichern-Zentrum, Heilpädagogische Einrichtung** (Heinrich-Braun-Weg 9) Die Installation stellt den Weinberg mit seinen Reben dar, Symbol für Kultur, Wachstum und Entwicklung. Die Diakonie fördert Kinder mit seelischer Behinderung. „Durstige tränken – lernen dürfen" ist hier das Thema. → **Wohnstift Augustinum** Die Station wurde in den Garten des Seniorenheims in der Weitlstraße gestellt. Durch eine fensterartige Öffnung fällt der Blick von der Straße auf zwei Stämme des Gingkobaums, Symbol für Lebenskraft und Heilung. Dahinter der Blick auf die Simeonskapelle. Zentrales Thema ist hier: „Kranke pflegen – gesund bleiben".

Die Tour **Münchner Norden 1** kann mit der Tour Münchner Norden 2 verbunden werden.

HARALD MAIER

MÜNCHNER NORDEN 2
VERSTECKTES FRÖTTMANING

MEINE ERINNERUNG Fröttmaning ist vielen ein Begriff. Es gibt eine U-Bahn-Station, eine Autobahnausfahrt und ein Fußballstadion für viele Tausend Menschen, die bekannte Allianz Arena. Doch das eigentliche Dorf Fröttmaning ist weitgehend unbekannt. Davon gibt es nur noch die Kirche, der Rest ist verschüttet unter einem gigantischen Müllberg oder musste zwei Autobahnen weichen. Es ist ein unwirklicher Ort geworden, voller Gegensätze. Einsam. Ruhig. Sitzbänke laden zum Verweilen ein. Aus der Ferne hört man 70.000 Menschen die Fußballmannschaften anfeuern. Fast gehen die Rufe unter im Rauschen der Autobahnen. Blumen blühen, Vögel zwitschern und immer wieder das dröhnende Sausen der LKWs. Dennoch ist es eine Insel der Ruhe in der Eile des Alltags.

Die Geschichte der **Heilig-Kreuz-Kirche** reicht zurück bis mindestens ins Jahr 815 mit der ersten urkundlichen Erwähnung Fröttmanings. Zunächst wurde sie als Holzkirche errichtet und am Anfang des 13. Jahrhunderts durch

den heutigen spätromanischen Steinbau ersetzt. Seit dem Abbruch der Jakobskirche in der Münchner Innenstadt ist sie damit das älteste vollständig erhaltene Kirchengebäude im gesamten Stadtgebiet. Die Heilig-Kreuz-Kirche konnte mehrmals vor Zerstörung und einem drohenden Abriss bewahrt werden.

Zuerst der Bau der Reichsautobahn in den 1930er Jahren, dazu eine Kläranlage und schließlich eine Mülldeponie, die Mitte des 20. Jahrhunderts entstand, ließen das Dorf Fröttmaning nach und nach verschwinden. Die Stadt erwarb alle Höfe und begrub das entvölkerte Dorf unter dem Abfall. Die ursprüngliche Planung legte das moderne Autobahnkreuz München Nord genau über die Heilig-Kreuz-Kirche und den umgebenden Friedhof. Nach dem Abriss der letzten umliegenden Bauernhöfe verwahrloste das Gelände mit der Kirche zusehends und die Kunstschätze wurden geplündert. Man plante, den naheliegenden Müllberg bis zur Kirchenmauer zu erweitern.

Einige engagierte Bürger erreichten jedoch immer wieder eine Änderung oder Verlegung der jeweiligen Baupläne und das ganze Ensemble steht heute unter Denkmalschutz. Die Heilig-Kreuz-Kirche ist das Ziel des Pilgerweges „Macht Barmherzigkeit. Weg der Hoffnung im Münchner Norden".

Seit 2006 hat die Kirche einen Doppelgänger. Der Künstler Timm Ulrichs schuf in originalgetreuem Maßstab ein Duplikat aus bemalten Betonteilen, das wirkt, als sei es zu großen Teilen von dem inzwischen begrünten Müllberg verschüttet. Diese Architekturskulptur trägt den Namen „Versunkenes Dorf". Der Anblick erinnert an ein Untergangspanorama: die schräg in den Berg gekeilte Dorfkirche, die

Reste des Turms, überragt von dem sich dahinter drehenden Windrad, durch die Fenster scheint die Erde zu rieseln. Timm Ulrichs hat ein surreales, beklemmendes Bild für Verlust geschaffen.

Zur Anbindung der neuen Allianz Arena des Architekturbüros Herzog und de Meuron hatte die Stadt einen geladenen Künstlerwettbewerb organisiert, den Ulrichs gewann. Das Werk, das unter baulicher Leitung der Architekten Maier Neuberger realisiert wurde, steht nun in einer Entfernung von 150 Metern vom Original und ist von der Autobahn und der Allianz Arena aus gut zu sehen.

Karte zu Tour **Münchner Norden 2** und **Münchner Norden 1**

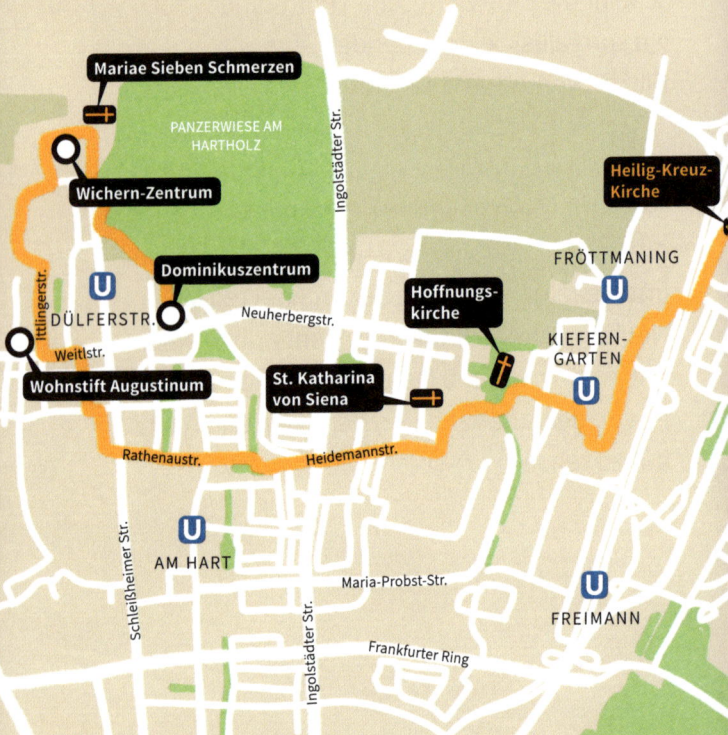

Mariae Sieben Schmerzen

PANZERWIESE AM HARTHOLZ

Ingolstädter Str.

Heilig-Kreuz-Kirche

Wichern-Zentrum

Dominikuszentrum

FRÖTTMANING

Ittlingerstr.

U DÜLFERSTR.

Neuherbergstr.

Hoffnungs-kirche

KIEFERN-GARTEN

U

Weitlstr.

U Wohnstift Augustinum

St. Katharina von Siena

Rathenaustr.

Heidemannstr.

Schleißheimer Str.

U AM HART

Maria-Probst-Str.

U FREIMANN

Ingolstädter Str.

Frankfurter Ring

St. Katharina von Siena „Fremde beherbergen – Heimat finden": Gemeinsam Heimat finden und gestalten ist hier die große Herausforderung. Die Kriegsvertriebenen haben das Stadtviertel und die Kirchengemeinden als ihr neues Zuhause gestaltet. Die Zugezogenen sind oft noch nicht in dieser Weise „angekommen". Aber z.B. im Kindergarten oder bei der Hausaufgabenbetreuung in St. Katharina begegnen sich die Jüngsten aus allen Milieus. → **Hoffnungskirche Freimann** „Nackte kleiden – Gemeinschaft erfahren": Adam und Eva haben keinen Kleiderschrank gebraucht. Erst die Entfremdung von Gott hat uns zum Frieren gebracht. Die Erfahrung gelingender Gemeinschaft überwindet Kälte und Vereinzelung. Dafür steht die Rose, die Blume der Liebe. → **Heilig-Kreuz-Kirche** „Tote bestatten – Hoffnung gewinnen": In dem durch Wege markierten Dreieck zwischen Kirche und Autobahn laden drei Beton- kuben ein, sich hinzusetzen und sich vom im Hintergrund zu hörenden Rasen der Autobahn zu entkoppeln. Sie markieren ein Blumenfeld: Sieben Blüteninseln kann man entdecken, wenn man dieses Feld achtsam erkundet. Tote zu bestatten, ist nicht nur ein Akt der Menschlichkeit, sondern auch unverzichtbar für die kulturelle Identität.

Die Tour Münchner Norden 2 kann mit der Tour **Münchner Norden 1** verbunden werden.

SCHWABING 1
ZU-GE-NEIGT

MEINE ERINNERUNG Die Braut im cremefarbenen Kleid ist dem Bräutigam zugewandt, den Blick hält sie gesenkt. Beide reichen einander die Hände. Der Bräutigam richtet den Blick auf seine Braut und steckt ihr den Ring an den Finger. Über ihnen thront im Kreis der Engel der segnende Christus, die Arme schützend über die Gemeinde gebreitet. Ich fühlte mich geborgen in dieser „heilen" Welt. Schon als Studentin war ich beeindruckt von der inneren Weite der Erlöserkirche. Ihrer Ruhe. Den zarten Farben: Blau, Türkis, Ocker und Weiß. Im Apsisgemälde ist das Christenleben von der Taufe bis zum Lebensabend dargestellt. Immer wieder blieb mein Blick am hell leuchtenden Hochzeitspaar hängen. Wie das Schicksal so spielt, lernte ich hier meinen Mann kennen und wir heirateten auch in dieser schönen Kirche.

Eine echt bayerische Kirche sollte sie sein. So
der Wille ihres Erbauers Theodor Fischer. Die
protestantische **Erlöserkirche** mit ihrem hohen,
schlanken Sattelturm und ihrer auffälligen

Basilikaform markierte zur
Zeit ihrer Erbauung 1900
den dörflichen Rand der
Stadt. Sie schloss die
Münchner Freiheit nach
Norden hin ab und bildete
zugleich den optischen
Abschluss der Leopold-
straße, einer Verlängerung
der Ludwigstraße.

Eine protestantische
Predigtkirche, eine echte
Heimat für die Gemeinde
sollte sie werden. Im
Äußeren eher einer Dorfkirche ähnlich, ist der
Innenraum der Erlöserkirche im Jugendstil
gestaltet. Farben und Formen des Außen-
bereichs werden schwungvoll als abstrakte
Ornamente im Innenbereich weitergeführt.
Die Kassettendecke ist mit stilisierten Blumen

übersät und von Flüssen durchströmt, die
Kapitelle der Pfeiler nach Entwürfen von
Theodor Fischer und Ernst Neumeister vereinen den Jugendstil mit mittelalterlichen
Elementen. Der Taufstein von 1907 hat eine
achteckige Blütengestalt – ein Bild des hier
aufblühenden Lebens.

Und dann ist da das Apsisgemälde. Eine
farbenfrohe Malerei mit schwungvollen
Ornamenten überzieht Triumphbogen und
Apsis mit den Gestaltungselementen des
Jugendstils. Eine Inschrift verweist auf den
Stifter Prinzregent Luitpold und die ausfüh-
rende Künstlerin Linda Kögl, eine Tochter
des Berliner Dompredigers Rudolf Kögl.
Die Malerin porträtierte in dem Fresko
damalige Gemeindemitglieder, darunter
Pfarrer Christian Bürckstümmer und seine
Frau oder die Kinder des Vorstands des
Kirchenbauvereins, Fabrikant Weiffenbach.
Und in der alten Frau vermutlich sich selbst.

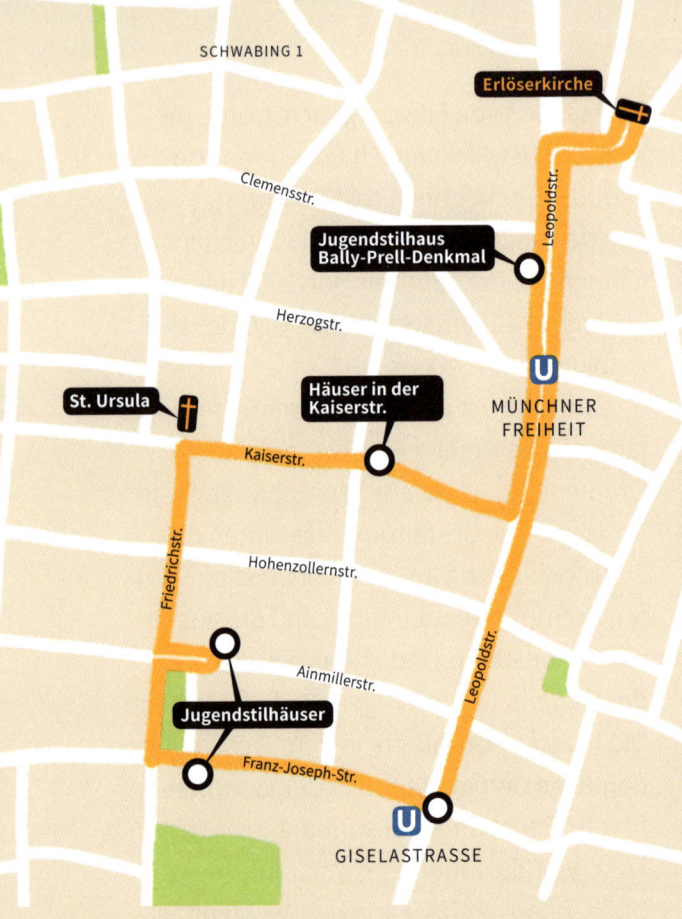

SCHWABING 1

Erlöserkirche

Clemensstr.

Leopoldstr.

Jugendstilhaus
Bally-Prell-Denkmal

Herzogstr.

St. Ursula

Häuser in der
Kaiserstr.

U MÜNCHNER
FREIHEIT

Kaiserstr.

Friedrichstr.

Hohenzollernstr.

Leopoldstr.

Ainmillerstr.

Jugendstilhäuser

Franz-Joseph-Str.

U
GISELASTRASSE

Erlöserkirche Die protestantische Erlöserkirche, damals
mit Pfarramt am dörflichen Stadtrand gelegen, wurde 1900
von Theodor Fischer erbaut. Ihr Innenraum überrascht mit
Weite, Ruhe, symmetrischer Gleichförmigkeit und Jugend-

stilelementen in zarten Farben. Besonders beachtenswert sind die Kassettendecke, der achteckige Taufstein und das Apsisgemälde mit dem Triumphbogen. → **Jugendstilhaus** An der dicht befahrenen Leopoldstraße besticht das bunt bemalte Mietshaus Nr. 72 mit typischen Jugendstilelementen (1900 eine Sensation). Vor dem Haus, nicht zu übersehen, das moderne **Bally-Prell-Denkmal**: Die Volkssängerin ist vielen bekannt durch ihr Lied „Die Schönheitskönigin von Schneizlreuth" aus dem Jahr 1953. → **Kaiserstraße** In der ruhigen Kaiserstraße gibt es verschiedene Stilformen zu bewundern: von Neobarock, Neorenaissance bis Jugendstil. In den Häuserfassaden, Kapitellen und Säulen haben sich Wildschwein, Hase, Fuchs und Elefant versteckt.

→ **St. Ursula** Am Ende der Kaiserstraße sehen wir die katholische St.-Ursula-Kirche. Sie ist die erste der neueren Kirchen in München, die nicht mehr im mittelalterlichen Stil erbaut wurde, sondern ein bemerkenswertes Beispiel für eine Neo-Renaissance-Kirche (Architekt August Thiersch) ist.

→ **Jugendstilhäuser** Bei Nr. 20 in der Ainmillerstraße verläuft ein breites Schmuckband unterhalb des Daches. An den Giebelseiten ist eine Fratze zu entdecken. Alte heidnische Motive waren beliebt. Nr. 22 ist ein sehr bekanntes Jugendstilhaus, bunt und farbig. In der Franz-Joseph-Straße 19 steht eines der besterhaltenen Jugendstilhäuser Schwabings. Von der Türklinke über Treppenhaus und Gartenanlage bis zum Hinterhaus ist es eine wahre Kostbarkeit. In der Friedrich- bzw. Franz-Joseph-Straße wohnten z.B. Franz Marc, Wassily Kandinsky, Gabriele Münter wie auch Rainer Maria Rilke und Joachim Ringelnatz.

Täglich

bis 12 Uhr

1 Stück

Weißwurst

1,— €

SYLVIA KUBE

SCHWABING 2
EINE GRÜNE OASE UNTER SCHATTIGEN BÄUMEN

MEINE ERINNERUNG Ich sitze im Biergarten am Elisabethplatz und „zutzle" die Weißwurst vor zwölf für einen Euro. Und – wie sich's g'hört – dazu eine Brezn, süßen Senf und ein gepflegtes Weißbier. Die Leuchtschrift „Wintergarten" über dem Eingang des kleinen gelben Hauses lädt die Marktbesucher ein, sich eine kleine Pause zu gönnen. Die Gedanken wandern zurück in meine Kindheit.
Das kleine Schwabinger Madl durfte hier im Sand Kuchen backen, Burgen bauen und sich austoben, jeden Winkel erkunden, am Brünnlein Wasser plantschen. Heute genieße ich diese grüne Oase unter den schattigen Bäumen. Wenn ich Zeitung lese, spüre ich den Puls des alten Schwabings.
Auch im Vogelgezwitscher und Kinderlachen. Alt und jung. Und ich mitten drin.

Hier im mit kaiserlichen Namen bestückten Westteil von Schwabing entstand 1898 der **Elisabethplatz** und bald darauf, 1903, wurde der Elisabethmarkt errichtet. 24 Pavillons stehen seit dem Zweiten Weltkrieg dort.

Die Schwabinger können Biogemüse, Flussfische und Wild einkaufen, sich in diversen Café-Häusln und Suppenküchen erholen und vielleicht noch bei einem der beiden Blumenstandln für den Balkon bunte Pflanzen erstehen.

Und im Ostteil des Markts steht der „Wintergarten", das ehemalige Milchhäusl. Vom Arzt Carl Brendel 1905 im neoklassizistischen Stil errichtet, wurde dort jeden Tag um fünf Uhr früh Milch umsonst ausgeschenkt, damit die Schwabinger etwas Gesundes zu Trinken bekamen. Zitat von Dr. Carl Brendel: „Zur Eindämmung des Völkergiftes Alkohol."

Später wurde das Milchhäusl ein Café, bekam den Namen „Cafe Schöberl" und war bei den Damen der 1950er Jahre recht beliebt. Und heute ist es eben der Mittelpunkt eines Biergartens. Milch wird dort allerdings nicht mehr ausgeschenkt! Carl Brendel müsste sich damit trösten, dass Bier in Bayern nun mal als Grundnahrungsmittel gilt.

Und auch die viel diskutierte Sanierung soll den Charme und den Charakter des Markts bewahren. Das hat der Münchner Stadtrat im April allen besorgten Schwabingern zugesagt. „Charmant. Traditionell. Liebevoll. Die Zukunft des Elisabethmarkts" lautet das Motto des Umbaus.

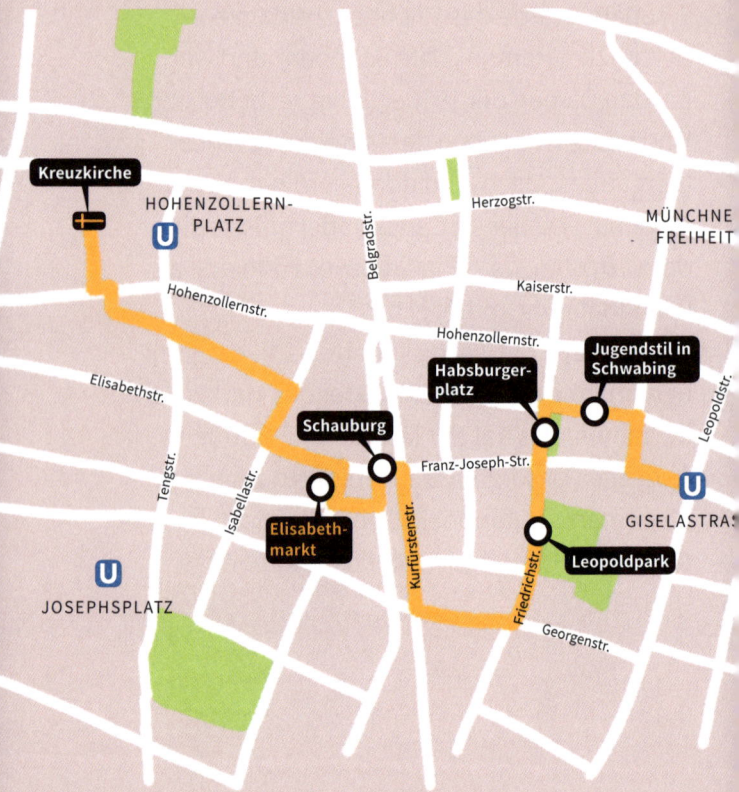

Kreuzkirche

HOHENZOLLERN-
PLATZ

U

Herzogstr.

Belgradstr.

MÜNCHE
FREIHEIT

Hohenzollernstr.

Kaiserstr.

Hohenzollernstr.

Jugendstil in
Schwabing

Habsburger-
platz

Elisabethstr.

Schauburg

Tengstr.

Isabellastr.

Elisabeth-
markt

Franz-Joseph-Str.

Kurfürstenstr.

Leopoldstr.

U

GISELASTR

U

JOSEPHSPLATZ

Leopoldpark

Friedrichstr.

Georgenstr.

U-Bahn-Station Giselastraße Viele bekannte Künstler lebten in Westschwabing – so auch Thomas Mann in der Franz-Joseph- Straße 2. Hier wohnte er mit seiner wachsenden Familie von 1905 bis 1910. Golo, Erika, Klaus und Monika Mann wurden als echte Schwabinger geboren. Gegenüber, im Haus Franz-Joseph-Straße 13, erinnert eine Plakette an die Geschwister Scholl, die von hier aus ihre politischen Aktionen starteten – hier befand sich ihr letzter Wohnort. **→ Jugendstilhäuser** Heidnische Masken, florale Motive, Tierabbildungen und viel Farbe zeichnen den Jugendstil und seine Lebensfreude aus. Hier in der Ainmillerstraße können wir diese außergewöhnliche Bauweise bewundern. Adam und Eva mit Paradiesapfel schauen nebst Tierabbildungen auf uns herunter – Pfauen als Sinnbild des Lebens ebenso. **→ Habsburgerplatz** Im bürgerlichen Westschwabing wurde bei der Bebauung viel Grün eingeplant – der Habsburgerplatz mit seinem Brunnen und den Bänken ist ein Beispiel dafür. Und der pakistanische Philosoph und Dichter Sir Muhammad Iqbal (1877 – 1938) hat hier ein kleines Denkmal errichtet bekommen – immerhin studierte er in München Rechtswissenschaft und Philosophie. Er wird von Kennern mit Goethe verglichen, den er tief verehrte und bewunderte. **→ Leopoldpark** Der Leopoldpark an der Friedrichstraße ist ein Ort der Stille. Bedeutende Künstler wie August Macke, Franz Marc und Paul Klee lebten hier in „Wahnmoching" mit ihren Frauen. Franziska zu Reventlow, eine berühmtberüchtigte Literatin, prägte diesen Begriff. **→ Schauburg** Die Schauburg in der Nordendstraße wurde 1926 als großes Lichtspielhaus eröffnet – 1.000 Zuschauerplätze gab es. Im Krieg schwer beschädigt, war die Schauburg schon 1946 wieder ein Kino. Bis 1964, dann kam mit der Disco „Blow Up" neuer Schwung ins Haus, passend zum Hippie-Schwabing. Heute ist dort ein vielbesuchtes Jugendtheater mit Café für Groß und Klein untergebracht. **→ Elisabethmarkt** Kaiserin Sisi gab dem kleinen, aber feinen Markt seinen Namen. 24 Häusl, teilweise mit Holzschindeln gedeckt, bieten Gesundes und Frisches, Süßwasserfische und Wild; natürlich auch Kaffee und Kuchen und frischgekochte Suppen. Jetzt soll bald renoviert und modernisiert werden – die großen Kastanienbäume bleiben und hoffentlich die gemütliche Marktatmosphäre auch! **→ Kreuzkirche** 1930 als hölzerne Kirche erbaut, dann nach der Zerstörung als „Notkirche" wieder aufgebaut und 1968 endgültig in die heutige Form gebracht: Die Kreuzkirche ist eben eine besondere Kirche mit einer mutigen politischen Vergangenheit – der theologische Gesprächskreis „Bekennende Kirche" tagte in den Kriegsjahren hier im Untergrund.

Die Schauburg beherbergt heute ein Jugendtheater.

MAXVORSTADT 1
KÖNIGLICHE STUFEN – AUF DEN SPUREN DÖLLINGERS

MEINE ERINNERUNG Die Treppe der „Stabi" begeistert mich. Eine Prachttreppe mit flachen Stufen, die zum Schreiten einlädt und den Übergang von einer dunklen Vorhalle ins „helle Licht der Wissenschaft" bildet. Durch eine der drei großen Türen betreten sie eine hohe Lobby, vor ihnen erhebt sich die gewaltige Marmortreppe zwischen klassischen Säulen. Die Metallgeländer werden von winzigen Bronzelöwen gehalten. Nervös arbeitete ich mich in den 1970ern das erste Mal die Treppe hoch. Ich kam mir vor, als sei ich nur fünf Zentimeter groß. Heute liebe ich es, langsam die Stufen zu gehen, die so anders als die gewohnten sind. Etwas Selbstverständliches bedarf auf einmal der Aufmerksamkeit. Ich genieße den Moment, in dem ich sozusagen ein königliches Privileg ausübe!

Die **Bayerische Staatsbibliothek** ist eine Planung des Architekten Friedrich von Gärtner, sie galt bei ihrer Fertigstellung 1843 als das modernste Bibliotheksgebäude ihrer Zeit. Es ist ein riesiger, klassischer Ziegelsteinbau mit einem in Zentraleuropa typischen gelben Anstrich. Das repräsentative **Treppenhaus** mit seinem Übergang vom Dunkel ins Licht ist ein zentrales Element der Architektur.

Ludwig I., König von Bayern (1825 – 1848), wollte diese Prachttreppe unbedingt haben – und behielt sich ihre Benutzung vor: Während seiner Lebenszeit durfte nur er die Treppe beschreiten. Damit setzte er sich gegen den Wunsch des Leiters der Bibliothek durch, der den Raum lieber anderweitig genutzt hätte. Die Treppe verzögerte sogar die Eröffnung des ganzen Gebäudes, da eine Bewachung angestellt werden musste, um sicherzustellen, dass niemand sonst die Treppe hochging.

Wer die 54 Stufen des Prachttreppenhauses emporsteigt, kommt an den Porträts berühmter Männer von der Antike bis zur Zeit des Baus der Bibliothek in den Fensterlaibungen des

Obergeschosses vorbei. Es sind Vertreter aus
Naturwissenschaft und Literatur, Kunst und
Religion. Sie machten den Anspruch der
königlichen Hof- und Staatsbibliothek deutlich,
für alle diese Bereiche zuständig zu sein. Die
Fenster und die Stirnwand sind seit einigen
Jahren wieder farblich gefasst, so dass etwas
vom einstigen Glanz sichtbar wird.

Ludwig-Maximilians-Universität

Veterinärstr.

Schellingstr.

U UNIVERSITÄT

Bayerische
Staatsbibliothek

Kaulbachstr.

ENGLISCHER GARTEN

Theresienstr.

ehem. Wohnhaus
Döllingers

Königinstr.

Von-der-Tann-Str.

Ludwigstr.

Englischer
Garten

Brienner Str.

Prinzregentenstr.

ODEONSPLATZ

Theatinerkirche
St. Kajetan

U

HOFGARTEN

Theatinerstr.

Residenz / Bayerische
Akademie der
Wissenschaften

Maximilianstr.

Englischer Garten Der Englische Garten ist weltweit einer der größten städtischen Parks und ist seit seiner Gründung öffentlich zugänglich. Johann Joseph Ignaz von Döllinger liebte es, im Englischen Garten bei jedem Wetter spazieren zu gehen. Er war einer der berühmtesten Münchner des 19. Jahrhunderts, lehnte die Dogmen von der Unfehlbarkeit des Papstes in Glaubens- und Sittenfragen und zu dessen Jurisdiktionsprimat ab, die 1870 vom Ersten Vatikanischen Konzil verkündet wurden. Dafür wurde er exkommuniziert. Er ist einer der geistigen Väter der alt-katholischen Kirche. → **Ludwig-Maximilians-Universität** Die LMU wurde 1842 von Landshut nach München verlegt, die Gebäude an der Ludwigstraße nach Plänen von Friedrich von Gärtner 1840 erbaut. Hier verbrachte Döllinger bis auf eine kurze Unterbrechung 1848 fast sein gesamtes berufliches Leben. Er war Professor für Kirchengeschichte und dazu mehrfach Rektor der Universität, auch 1872. → **Bayerische Staatsbibliothek** Die Bayerische Staatsbibliothek in der Ludwigstraße wurde ebenfalls von Gärtner geplant. Sie galt bei ihrer Eröffnung als das modernste Bibliotheksgebäude ihrer Zeit. Das zentrale Treppenhaus zeigt aber auch den Wunsch König

Ignaz von Döllinger –
der Gründervater
der alt-katholischen Kirche

Ludwigs I., mit dem Gebäude zu repräsentieren. Döllinger war für beide Bibliotheken, Staatsbibliothek und Universitätsbücherei, zeitweilig Oberbibliothekar.

→ **Ehemaliges Wohnhaus Döllingers** Das Haus in der Von-der-Tann-Straße 3 ist noch im Originalzustand des 19. Jahrhunderts erhalten, Döllingers Wohnhaus Nr. 11 wurde dagegen durch einen Neubau ersetzt. Dort wohnte er seit 1839 im ersten Stock zur Miete. Es war eine großbürgerliche Wohngegend, auch General von der Tann lebte dort.

→ **Theatinerkirche** Die Theatinerkirche ist nach St. Kajetan, dem Gründer des Ordens der Theatiner, benannt, deshalb ist die Kirche unter beiden Namen bekannt. Sie wurde im Stil des italienischen Barock gebaut und 1675 geweiht. Die Theatinerkirche war eine der beiden Hofkirchen der bayerischen Könige, die Seelsorge wurde durch ein Hofstift besorgt, in dem Döllinger ab 1839 zunächst Hofkaplan war; 1848 wurde er zum Stiftspropst, dem Leiter des Hofstifts, ernannt. → **Residenz / Bayerische Akademie der Wissenschaften** Heute befinden sich in einem der Höfe der Residenz die Räume der Bayerischen Akademie der Wissenschaften. Das Gebäude, in der die Akademie zu Döllingers Zeiten tagte, liegt in der heutigen Fußgängerzone, in der Neuhauser Straße 8. Es ist 1944 ausgebrannt, die Fassade wurde wiederhergestellt, dort befinden sich auch zwei Gedenktafeln. Döllinger war seit 1835 außerordentliches Mitglied der Akademie, seit 1843 ordentliches Mitglied. 1873, mit 74 Jahren, wurde er zum Präsidenten der Akademie ernannt und übte dieses Amt 17 Jahre lang aus.

Rechts: Statue König Ludwigs I. von Bayern in der Bayerischen Staatsbibliothek

LUDWIG I KOENIG V BAYERN.

MAXVORSTADT 2
HEUTE VON KUNST ERFÜLLT

MEINE ERINNERUNG Als Studentin bin ich oft an diesem Gebäude vorbeigegangen. Seine monumentale Architektur, die schmucklose Fassade mit den mächtigen Säulenvorbauten über den beiden Eingängen, empfand ich als kalt und abweisend. Ich wusste, dass dieser Bau aus der Zeit des Nationalsozialismus stammte. Er war damals mit Efeu bewachsen, verborgen hinter dem Grün. Weiter nördlich steht ein baugleiches Gebäude, aus dem man früher bei geöffneten Fenstern die Musikstudenten hören konnte. Ein seltsamer Kontrast. Ich blieb häufig stehen und hörte erfreut zu. Damals machte ich mir wenig Gedanken über die zwei unversehrten Überbleibsel einer Diktatur. Erst später wurde mir klar, dass der ehemalige Verwaltungsbau der NSDAP für ein wichtiges Kapitel der deutschen Geschichte steht.

1890 bezog das Ehepaar Pringsheim, die späteren Schwiegereltern von Thomas Mann, an der Arcisstraße 12 ihr im Neorenaissancestil erbautes Palais. Alfred Pringsheim war Professor für Mathematik, aber dank seines geerbten Vermögens finanziell unabhängig. Als leidenschaftlicher Musikliebhaber und Kunstsammler machte er das **Palais Pringsheim** zu einem gesellschaftlichen und künstlerischen Treffpunkt.

1930 erwarb die NSDAP das **Palais Barlow** an der Brienner Straße und baute es zur Parteizentrale um. Nach der „Machtergreifung" 1933 kaufte die Partei einige Häuser entlang der Arcisstraße und drohte auch der Familie Pringsheim mit Enteignung. Schließlich verkaufte Pringsheim sein Haus weit unter Wert. Der Familie gelang die Ausreise in die Schweiz. Das Palais wurde abgerissen und an seiner Stelle der **Verwaltungsbau der NSDAP** errichtet. Der damalige Lieblingsarchitekt Hitlers, Paul Luwig Troost, war für diesen Bau und den weiter nördlich stehenden Führerbau verantwortlich. Beide Gebäude galten nach

ihrer Fertigstellung 1937 als Vorbild für natio-
nalsozialistische Bauten. Während der Führerbau als Repräsentationsgebäude für Hitler
geplant war, befanden sich im Verwaltungsbau
Abteilungen der Reichsleitung der NSDAP wie
auch die Kartei der Parteimitglieder aus ganz
Deutschland. Die Innenausstattung ist aufwen-
dig gestaltet, die Fußböden sind mit rotem,
die Treppen mit hellem Marmor verkleidet,
über dem Eingangsbereich befindet sich ein
großes Glasdach, das im Sommer mit kaltem
Wasser berieselt wurde.

Nur am Verwaltungsbau kann man die
Spuren des Kriegs noch erkennen: Einschuss-
löcher auf der Rückseite, ein zerstörter Balkon.
Nach dem Krieg wurde das Gebäude von den
Amerikanern als „Central Art Collecting Point"
genutzt, die größte Kunstsammelstelle der
amerikanischen Besatzungszone. Hier wurden
bis März 1949 etwa 250.000 der von den
Nationalsozialisten geraubten Kunstwerke
aus Museen, Auslagerungsdepots und Privat-
häusern zusammengetragen, registriert und
zurückgeführt.

Königsplatz

NS-Dokumenta-tionszentrum

Prinz-Georg-Palais

Ⓤ
KÖNIGSPLATZ

Luitpoldblock

Brienner Str.

Ev. Landeskirchenamt

Zentralinstitut für Kunstgeschichte

Luisenstr.

Gabelsbergerstr.

Arcisstr.

Barer Str.

Türkenstr.

Karolinenplatz

Katharina-von-Bora-Str.

Karlstr.

Sophienstr.

Ottostr.

KARLSPLATZ
Ⓤ

Salon Elsa Bernstein im Luitpoldblock Elsa Bernstein, die seit den 90er Jahren des 19. Jahrhunderts ihren Salon führte, stammte aus einer assimilierten jüdischen Familie und war erfolgreich als Schriftstellerin unter dem Pseudonym Ernst Rosmer. Ihr Märchendrama „Königskinder", das von Engelbert Humperdinck vertont wurde, wurde 1910

sogar an der Metropolitan Opera in New York aufgeführt.
Sie litt schon früh an einer Augenerkrankung, die ihre kurze
Karriere als Schauspielerin beendete und später zu vollkom-
mener Blindheit führte. 1942 wurde sie, schon 75 Jahre alt,
in das KZ Theresienstadt deportiert. Sie überlebte und zog
nach der Befreiung zu ihrer
Tochter nach Hamburg, wo sie
1949 starb. Ihre Grabstelle
befindet sich auf dem Ostfried-
hof in München. → **Salon Elsa
Bruckmann im Prinz-Georg-
Palais** Am Karolinenplatz 5 hatte
Elsa Bruckmann ihren Salon,
den sie 1899 mit der Lesung von
Houston Stewart Chamberlains
„Grundlagen des 19. Jahrhunderts" eröffnete. Elsa Bruckmann war mit Hugo Bruckmann
verheiratet, dem Leiter des
Bruckmann-Verlags. Ursprünglich ein Kunstverlag, öffnete
dieser sich unter dem Einfluss
von Chamberlain immer mehr

für deutschnationale, antidemokratische und antisemi-
tische Themen. Elsa Bruckmann war eine frühe Förderin von
Adolf Hitler. Sie führte ihn in die Münchner Gesellschaft ein
und machte ihn mit wichtigen Industriellen bekannt, die
Hitler dann auch finanziell unterstützten. Als leidenschaft-
liche Anhängerin der nationalsozialistischen Ideologie
distanzierte sie sich bis an ihr Lebensende nicht davon.

Oben: Das 2015 eröffnete NS-Dokumentationszentrum

Sie starb 1946 in Garmisch. → **NS-Dokumentationszentrum** An dem Ort, an dem sich heute das Dokumentationszentrum befindet, kaufte die NSDAP 1930 das Palais Barlow und baute es zu einem Parteizentrum um, zum sogenannten „Braunen Haus". Das Gebäude war die erste Immobilie der Partei in der Maxvorstadt, bis zum Ende der

NS-Zeit waren es über achtzig Gebäude, in denen verschiedene Parteiorganisationen untergebracht waren. Das Dokumentationszentrum, das im April 2015 eröffnet wurde, erinnert an die Rolle Münchens als „Hauptstadt der Bewegung". → **Verwaltungsgebäude der NSDAP am Königsplatz (Zentralinstitut für Kunstgeschichte)** Der Königsplatz, der im 19. Jahrhundert nach den Ideen von König Ludwig I. erbaut worden war, erfuhr nach der Machtergreifung Hitlers eine radikale Umgestaltung. Hitler beauftragte seinen Architekten Paul Ludwig Troost damit, den Königsplatz in eine Weihestätte des Nationalsozialismus umzuwandeln. Der Platz wurde mit Granitplatten gepflastert, um ihn für Aufmärsche tauglich zu machen. An der Ostseite wurden zwei Ehrentempel errichtet, in denen die Gefallenen des Hitlerputschs 1923 bestattet wurden. Jedes Jahr fanden hier ab dem 9. November 1935 Aufmärsche statt, um an den

Oben: Detail an der Fassade des Evangelischen Landeskirchenamts

geschaiterten Putsch zu erinnern. → **Evangelisches Landeskirchenamt** 1929 zog der Landeskirchenrat in das neue Dienstgebäude an der Arcisstraße (heute Katharina-von-Bora-Straße) um. Seit 1933 und während der NS-Zeit war Hans Meiser Landesbischof in Bayern. Er versuchte, die bayerische Landeskirche unabhängig zu halten, sie dem Einfluss der nationalsozialistischen Deutschen Christen zu entziehen. Nachdem Meiser sich bei Hitler gegen eine Vereinnahmung durch die Deutschen Christen eingesetzt und sich gegen die Eingliederung der Landeskirche in die Reichskirche gestellt hatte, wurde er in seiner Wohnung festgesetzt und in Hausarrest festgehalten. Vor dem Landeskirchenamt kam es zu großen Demonstrationen evangelischer Pfarrer und von Gemeindemitgliedern aus ganz Bayern, die schließlich zur

Wiedereinsetzung Meisers führten. Die antisemitischen Äußerungen Meisers jedoch führten in den letzten Jahren zu heftigen Auseinandersetzungen in Landeskirche und Stadtrat, sodass man sich 2010 für eine Umbenennung der Meiserstraße in Katharina-von-Bora-Straße entschied; der Schritt bleibt bis heute umstritten.

Oben: Fassade des Zentralinstituts für Kunstgeschichte mit Einschusslöchern

WESTEND 1
A LAUSCHIG'S PLATZERL
ZWISCHEN HIMMEL UND ERDE

MEINE ERINNERUNG Seit ein paar Jahren sitzen sie im Eisengestänge der Brücke, meist mit Bier oder einer Flasche Wein. Sie blicken gen Westen in den Sonnenuntergang und zelebrieren ihre Unabhängigkeit, ihr Jungsein, vor dem orangeroten Abendhimmel. Ob sie die Schönheit dieser Eisenkonstruktion, die sie trägt und schützt, auch wahrnehmen? Wenn ich zu solcher Stunde über die Brücke radle, würde ich sie am liebsten für den Autoverkehr sperren. Sie hat fast etwas Erhabenes.

Hätte ich meine Jugend in München verbracht, wäre ich beim Sundownen sicher gern dabei gewesen. Die Züge unter sich durchfahren sehen, vielleicht sogar die leichte Erschütterung spüren und den Dieselausstoß der Rangierloks riechen. Das klassische Ratta-ta-tat der Regionalbahnen ist hier neben dem leisen Rauschen der ICEs zu hören. Und das Quietschen der Bremsen.

Die erste Brücke Münchens, die sich über das Gleisbett schwang, hieß Herbststraßenbrücke und existierte von 1870 bis 1890. Vorher führte nur ein Weg direkt über die beiden vorhandenen Gleise.

Erbaut wurde die **Hackerbrücke**, wie wir sie heute kennen, von der Firma MAN im Jahr 1890. Friedrich Klett aus Nürnberg gründete unter anderem zu genau diesem Zweck die Maschinenbau-Aktiengesellschaft-Nürnberg. Es war das Zeitalter der europäischen Industrialisierung, die große Zeit der Eisenbahn- und Brückenbauten. Das Eisen dazu wurde an der Saar gewonnen. Dort ist heute noch die große Völklinger Hütte, inzwischen UNESCO-Weltkulturerbe, zu besichtigen. Über die schiffbar gemachte Saar, die Mosel und den Rhein transportierte man das Roheisen und brachte es in das Eisenwerk Gustavburg bei Mainz. MAN errichtete dort eine Tochtergesellschaft, in der die Brückenteile, auch für Rheinbrücken, geschmiedet wurden. Theodor von Cramer-Klett, der das MAN-Unternehmen weiterführte, erwies sich als sehr großzügig

gegenüber der enorm angewachsenen Arbeiter-
schaft. Er kaufte für das geplante Ledigenheim
im Münchner Westend das Grundstück und
schenkte es dem Trägerverein.

Bei der Hackerbrücke handelt es sich um
eine schmiedeeiserne Bogenbrücke; eine der
wenigen verbliebenen in Deutschland. Die
Hackerbrücke steht heute unter Denkmalschutz.

WESTEND 1

DONNERSBERGER
BRÜCKE

Orgelbau März-Borgias

Augustiner-Brauerei

Hackerbrücke

Max-Friedländer-Bogen

Landsberger Str.

Europ. Patentamt

Bayerstr.

Westendstr.

ehem.
Fassfabrik

Ganghofer Str.

Schwanthalerstr.

Tulbeckstr.

Gollierplatz

Auferstehungskirche

Gollierstr.

Ledigenheim

Kazmairstr.

Bergmannstr.

SCHWANTHALER-
HÖHE

Auferstehungskirche Der Bau der evangelischen Auferstehungskirche im Westend wurde initiiert durch den seit 1894
bestehenden Evangelischen Verein. Dieser kümmerte sich
vor allem um die soziale Not der zugezogenen jungen, rasch
angewachsenen Bevölkerungsgruppe. 1930 wurde die
Kirche nach Plänen von German Bestelmeyer erbaut. Sie
steht heute, zusammen mit dem angrenzenden Ledigenheim, unter Ensembleschutz. → **Ledigenheim** Das

Ledigenheim an der Bergmannstraße ist eine historische soziale Einrichtung. Sie ist einmalig in Europa, seit die Häuser in London und Wien nicht mehr existieren. Hier finden fast 400 Männer aus ca. fünfzig Nationen Unterkunft. Erbaut wurde es 1926 bis 1927 von Theodor Fischer.
→ **Ehemalige Fassfabrik Drexler** Die Fassfabrik befand sich auf dem Gelände zwischen Tulbeck-, Westend- und Bergmannstraße. Sie war neben den Brauereien und der Firma Metzeler ein großer Arbeitgeber im Westend. Heute kann eine gemeinsame Rückerinnerung Einblicke bieten in die Arbeitswelt vor ca. 150 Jahren, das sogenannte Arbeiter-Westend. Fassdarstellungen und eine Zugochsen-skulptur erinnern an diese Zeiten. → **Orgelbauwerkstatt März-Borgias** Etwa auf der Höhe Landsberger Straße / Max Friedländer-Bogen befand sich die Orgelbauwerkstatt März-Borgias. Eine der dort erbauten Orgeln fand ihren Weg, über den Odeon-Konzertsaal, wieder zurück ins Westend, nämlich in die Kirche St. Rupert, und trägt den Namen Odeon-Orgel. Nicht zu übersehen ist an diesem Ort die größte Privatbrauerei Münchens an der Landsberger Straße, die Augustiner-Brauerei. Erwähnenswert ist hier auch Max Friedländer, der Namensgeber des Max-Friedlän-der-Bogens. Er war ein jüdischer Jurist, der auf der Schwan-thalerhöhe lebte und als Wegbereiter des deutschen Anwaltsrechts gilt. Er emigrierte nach London. → **Hacker-brücke** Die Hackerbrücke zählt zum alten Teil des Westends und liegt neben dem südlich angrenzenden modernen **Europäischen Patentamt**, einer der größten internationa-len Organisationen in Europa mit Hauptsitz in München. Der Gebäudekomplex befindet sich auf dem ehemaligen Areal der Pschorr-Brauerei und bietet interessante Außenkunst.

BETTINA MÜHLHOFER

WESTEND 2
KEIN VOGELHÄUSCHEN

MEINE ERINNERUNG Wie eine Miniaturausgabe einer griechisch-orthodoxen Kirche steht das sogenannte „Eikonisma" im Vorgarten der Diakoniestation Westend. Meine liebe Kollegin Niki hat es vor einigen Jahren aus ihrer griechischen Heimat mitgebracht und zu Ehren ihrer verstorbenen Mutter feierlich im Garten der Diakoniestation aufgestellt. Sie kümmert sich liebevoll darum, dass das Licht der Kerze im Inneren nie erlischt. Mich erinnert dieses kleine hübsche Kirchlein an eine Entdeckung aus der Zeit, als ich sieben Jahre alt war: Ein älteres Paar hatte in seinem Vorgarten eine kleine Burgruine aufgebaut, verborgen zwischen immergrünen Büschen. Auf meinem Schulweg blieb ich immer wieder kurz dort stehen, um sie mir anzusehen.

Mitten im Westend steht dieser Rohziegelbau im Stil der Neuen Sachlichkeit, entworfen von Theodor Fischer. Zwei vierstöckige Gebäudetrakte, beide dreiflügelig in rechteckiger Hufeisenform angelegt, sind an ihren – einander gegenüber gelegenen – Mittelflügeln durch einen schmalen dritten, drei Stockwerke höheren Gebäudeteil miteinander verbunden. Die Gesamtanlage steht somit auf einem symmetrischen Grundriss in der Form eines „H". Mehrere evangelische und soziale Einrichtungen sind hier untergebracht: die Auferstehungskirche mit der **Diakoniestation Westend**, das Ledigenheim und das Migrationszentrum, das seit 2004 zwei kirchliche Träger zusammenschließt, nämlich das Begegnungszentrum Griechisches Haus und die Evangelische Ausländerarbeit.

Der Verein Ledigenheim e.V. entstand 1913 noch vor der Auferstehungskirche. Die Industrialisierung hatte gegen Ende des 19. Jahrhunderts ein starkes Anwachsen der Einwohnerzahl und unerträgliche Wohnverhältnisse in den großen Städten verursacht. Die Münchner Wohnungserhebung von 1904 bis 1907 zeigte ein für heute unvorstellbares Wohnungselend. Besonders hart traf es alleinstehende Männer und Frauen aus den unteren Schichten, die sich nicht einmal ein Zimmer als Untermieter, sondern nur ein Bett als Schlafplatz leisten konnten. Der Verein machte es sich zur Aufgabe, Wohnheime für Alleinstehende zu errichten und zu unterhalten. Eine großzügige Schenkung des Freiherrn Theodor von Cramer-Klett ermöglichte den Erwerb eines Grundstücks am heutigen Standort an der Bergmannstraße. Das Bauprojekt war bereits in seiner Anfangsphase, als der Ausbruch des Ersten Weltkriegs alle weiteren Tätigkeiten des Vereins beendete.

1921 machte ein Darlehen der Stadt München endlich den Bau des Ledigenheims für Männer möglich. Die Bauleitung übernahm

Professor Theodor Fischer, der für das Haus
ein neues und äußerst modernes Konzept
entwickelte. 1927 wurde das Haus fertiggestellt
und bietet mit 382 Wohneinheiten ledigen
Männern, Arbeitern, Angestellten, aber auch
Auszubildenden verschiedener Kulturen eine
kostengünstige Alternative des Wohnens.
Die Anlage des Ledigenheims steht unter
Denkmalschutz.

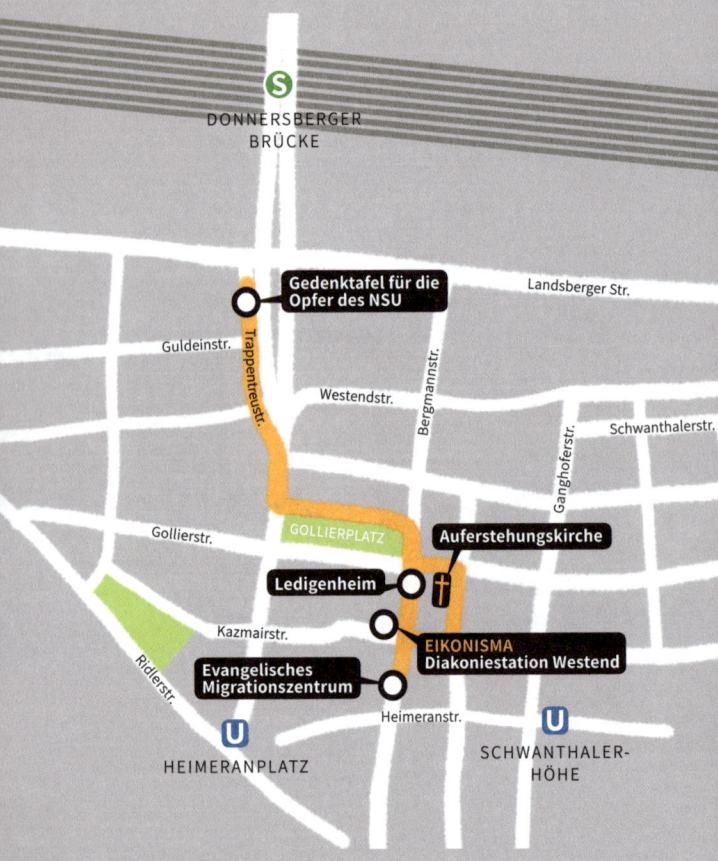

WESTEND 2

**DONNERSBERGER
BRÜCKE**

Landsberger Str.

**Gedenktafel für die
Opfer des NSU**

Guldeinstr.

Trappentreustr.

Westendstr.

Bergmannstr.

Schwanthalerstr.

Ganghoferstr.

Gollierstr.

GOLLIERPLATZ

Auferstehungskirche

Ledigenheim

**EIKONISMA
Diakoniestation Westend**

Kazmairstr.

Ridlerstr.

**Evangelisches
Migrationszentrum**

Heimeranstr.

HEIMERANPLATZ

**SCHWANTHALER-
HÖHE**

Evangelisches Migrationszentrum im Griechischen Haus
(Bergmannstraße 46) Motto: Begegnung, Bildung, Beratung.
Ein Kulturzentrum für interkulturelle Bildung – mehrspra-
chige Seelsorge für Menschen mit Migrationshintergrund
und griechischsprachige Beratung –, dazu Netzwerkstelle
für interkulturelle und interreligiöse Fragen in München.
→ **Diakoniestation Westend** Der Evangelische Verein
München-Westend e.V. wurde im Jahr 1903 gegründet.
Evangelische Christen im neu entstandenen Westend taten
sich hier zusammen, um der offenkundigen sozialen Not in
ihrer Umgebung zu begegnen: Sie gründeten eine Kinder-
tagesstätte und stellten Diakonissen an, um die Alten und
Kranken zu Hause versorgen zu können. → **Ledigenheim**
Mit 382 Einheiten bietet das Ledigenheim an der Berg-
mannstraße einer Vielzahl lediger Männer, Arbeiter,
Angestellter, aber auch Auszubildenden verschiedener
Kulturen eine kostengünstige Alternative des Wohnens.
Das Haus folgt auch heute noch der sozialen Gründeridee,
die bereits 1927 verwirklicht wurde. → **Auferstehungskirche** Ein Besuch bei der griechisch-orthodoxen Gast-
gemeinde „Heiliger Georg", die nach dem 10-Uhr-Haupt-
gottesdienst das evangelische Gotteshaus mit allerlei
Ausstattungsgegenständen in einen griechisch-orthodoxen
Kriterien entsprechenden Sakralraum umgestaltet.
→ **Gedenktafel für die Opfer des NSU** An der Hauswand
des privaten Wohnhauses in der Trappentreustraße 4 wird
der NSU-Opfer gedacht: Hier wurde Theodoros Boulgarides
im Jahr 2005 in seinem 14 Tage zuvor neu eröffneten
Schlüsseldienstgeschäft ermordet.

VOLKER HERBERT

LUDWIGSVORSTADT/ALTSTADT
ENTDECKUNGEN AM TOR ZUR WELT

MEINE ERINNERUNG Das katholische München ist beim Blick über die Dächer nicht zu übersehen. Der Dom, die Frauenkirche, ist sein Herz. Die Evangelischen hätten auch gern eine einladende zentrale Präsenz, aber leider ... Wo schlägt das evangelische Herz Münchens? Vielleicht im evangelischen Eck in der Ludwigsvorstadt. Von der Matthäuskirche geht's in die Mathildenstraße und nach wenigen Metern ebbt der Verkehrslärm ab. An schmucklosen Nachkriegszweckbauten entlang überqueren wir die Pettenkofer Straße und nähern uns der Landwehrstraße. Im Jugendwohnheim Wichernhaus finden seit 1954 Auszubildende eine preiswerte Unterkunft. Luthers Wappen an der Hauswand, das gibt's in München nur hier: eine Rosenblüte mit Herz und Kreuz in der Mitte, Kennzeichen des Evangelischen Handwerkervereins, dem dieses Haus gehört.

März 1848, Deutschland im Umbruch: Revolution, Industrialisierung und viel soziales Elend. Der Hamburger Pastor Johann Hinrich Wichern ruft zur „Inneren Mission" auf, zur sozialen Mitverantwortung der Christinnen und Christen. Das findet auch in München Gehör, vor allem bei den Handwerkern. Die Not der wandernden Handwerksgesellen vor Augen, gründen sie in einer Zeit ohne Arbeitslosengeld und Krankenkasse einen Unterstützungsverein. Alles durch Spenden der Vereinsmitglieder finanziert.

Nur ein paar Meter weiter bekennt sich an der tristen Wand des Eckhauses die Evangelisch-Lutherische Kirche auf einer Tafel zu „Jahren mutlosen Schweigens (…) zum Nationalsozialistischen Unrecht" und erinnert an das „Büro Zwanzger-Hofmann", das hier Christen jüdischer Herkunft zur Auswanderung verhalf. Nur noch an der Dreieinigkeitskirche Bogenhausen findet sich meines Wissens in München solch öffentliches evangelisches Bekenntnis zu der historischen Schuld.

Hier, an der Kreuzung Mathilden- und Landwehrstraße ist **Münchens evangelische**

Ecke – die Matthäuskirche im Rücken und ums Eck rum am Ende der Landwehrstraße die katholische St.-Pauls-Kirche, an deren imposantem Hauptturm 1960 ein Flugzeug zu Fall kam. Hier hat der Evangelische Handwerkerverein mit den Jahren sechs Grundstücke und Gebäude für soziale Zwecke erworben und darauf Deutschlands größtes Hospiz, Lehrlingswohnheime, ambulante Pflegedienste, Bildungsräume und Vereinsräume geschaffen. Bomben zerstörten alles, der Handwerkerverein baute wieder auf.

Heute ist das ein evangelischer Hotspot. Kirchengemeindeamt, CVJM-Hostel und Beratungszentrum stehen neben Wichernhaus und Bildungszentrum des Vereins im quirligen Bahnhofsviertel und zugleich mitten im Orient: Farbenfrohe Schilder in schwungvollem Arabisch, verhüllte Frauen, Sprachsymphonien, Gemüsehändler, verlockendes orientalisches Essen to go, Fladenbrot und Shisha, Arm und Reich in bunter Mischung bestimmen das Bild.

Mathildensaal im Evangelischen Handwerkerverein von 1848 e.V. Das Handwerk hat in München seit Jahrhunderten seinen festen Platz und begegnet uns wie in der Mathilden-straße 4 auf Schritt und Tritt. Das fängt bei den Straßen-namen an: In der Innenstadt gibt es den Färbergraben, die Sattler-, die Müller-, die Schäffler- und die Schlosserstraße, in Pasing die Bäcker- und in Haidhausen die Metzgerstraße, um nur einige zu nennen. → **St.-Matthäus** Die evange-lisch-lutherische Pfarrkirche St. Matthäus war die erste evangelische Kirche in München, die bereits vor 125 Jahren geweiht wurde. Der heutige Bau, der nach Plänen von Gustav Gsaenger 1953 bis 1957 errichtet wurde, ist Nachfolger des 1938 abgebrochenen nachklassizistischen ersten evange-lischen Kirchenbaus. Dieser musste den Stadtbauplänen der Nationalsozialisten weichen und wurde einfach abgerissen. → **Sendlinger Tor** Das Sendlinger Tor ist das südlichste Stadttor und eines von drei erhalten gebliebenen Stadttoren der historischen Münchner Altstadt, die im Zuge der zweiten Stadterweiterung im frühen 14. Jahrhundert gebaut wurden. Heute befindet es sich im sogenannten Hackenviertel und trennt die Altstadt von der Isarvorstadt. Am Sendlinger Tor ist noch ein Rest der mittelalterlichen Stadtmauer erhalten geblieben, die sich weiter entlang der Herzog-Wilhelm-Straße hinaufzog. → **Asamkirche** Die Brüder Cosmas Damian Asam und Egid Quirin Asam gehören zu den wichtigsten Künstlern, die das Münchner Stadtbild mitgestaltet haben. Sie errichte-ten die Asamkirche in der Sendlinger Straße. Ihr ursprüng-licher Name war St.-Johann-Nepomuk-Kirche – zurückzu-führen auf den heiligen Nepomuk, den Schutzheiligen des Kurfürstentums Bayern. → **Sendlinger Straße** Rund um die Sendlinger Straße im Hackenviertel gibt es auch heute noch

Karte zu Tour **Ludwigsvorstadt/Altstadt** und **Altstadt 1**

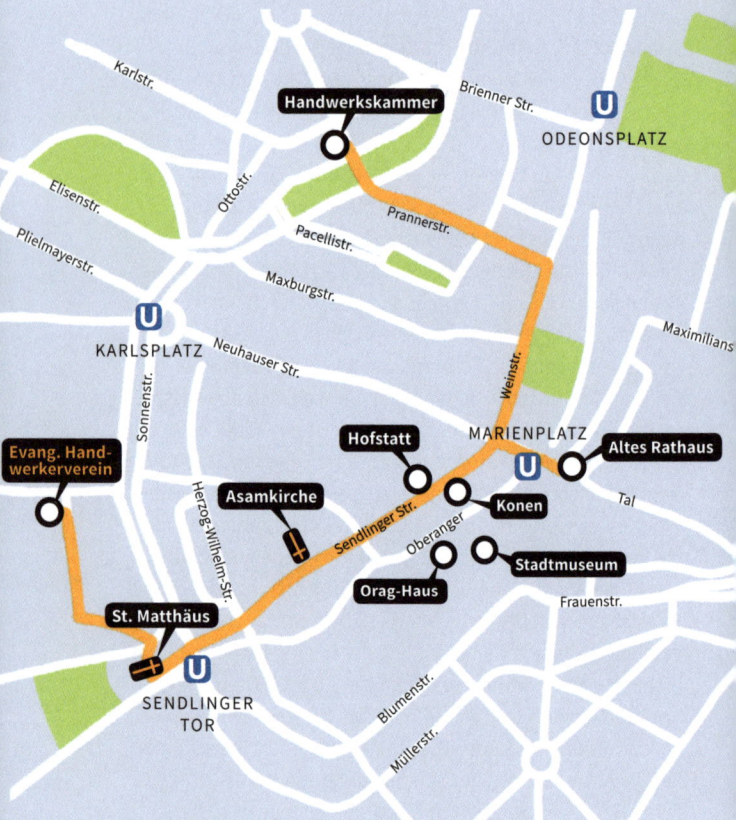

eine Vielzahl von Handwerkern, so z.B. 28 Friseure, 6 Gold- und Silberschmiede, 4 Orthopädiemechaniker, 3 Schuhmacher, 8 Zahntechniker und 2 Änderungsschneider.

→ **Hofstatt** Beim historischen Viertel Hofstatt handelte es sich um eine Gasse, die auf einen kleinen Platz zulief, umgeben von ehemals acht Häusern. Heute trägt eine kleine Straße offiziell diesen Namen. Sie führt vom Färbergraben nach Süden und endet als Sackgasse. Die Namensgebung geht vermutlich auf die Mitte des 14. Jahrhunderts zurück. Eine Hofstatt ist im Allgemeinen ein Wirtschafts- oder Verwaltungshof eines Adeligen oder eines kirchlichen Würdenträgers. → **Kaufhaus Konen** Aufmerksame Passanten können in der Sendlinger Straße oberhalb der Konen-Schaufenster an der Gebäudefassade zwei Reliefplatten mit Fabeltieren in Gestalt eines Ziegenbocks und einander zugewandter Putten mit Schere und Bügeleisen entdecken. Eingemeißelt ist die Jahreszahl 1910. Der Wandschmuck erinnert an das ehemalige Bekleidungshaus Isidor Bach. → **Orag eG Bayerische Schneidereigenossenschaft** (Oberanger 9) Die ersten Ansätze zum gemeinsamen Wareneinkauf des Münchner Schneiderhandwerks gehen zurück bis in die Jahre 1855 bis 1860. Der damalige Hofschneider Josef Paulus erbot sich in uneigennütziger Weise, die Kollegen an seinen Direktbezügen teilnehmen zu lassen. 1881 kam es zur Gründung des Teilungsgeschäfts der „freien Innung der Münchner Schneidermeister".

Die Tour **Ludwigsvorstadt/Altstadt** kann mit der Tour **Altstadt 1** verbunden werden.

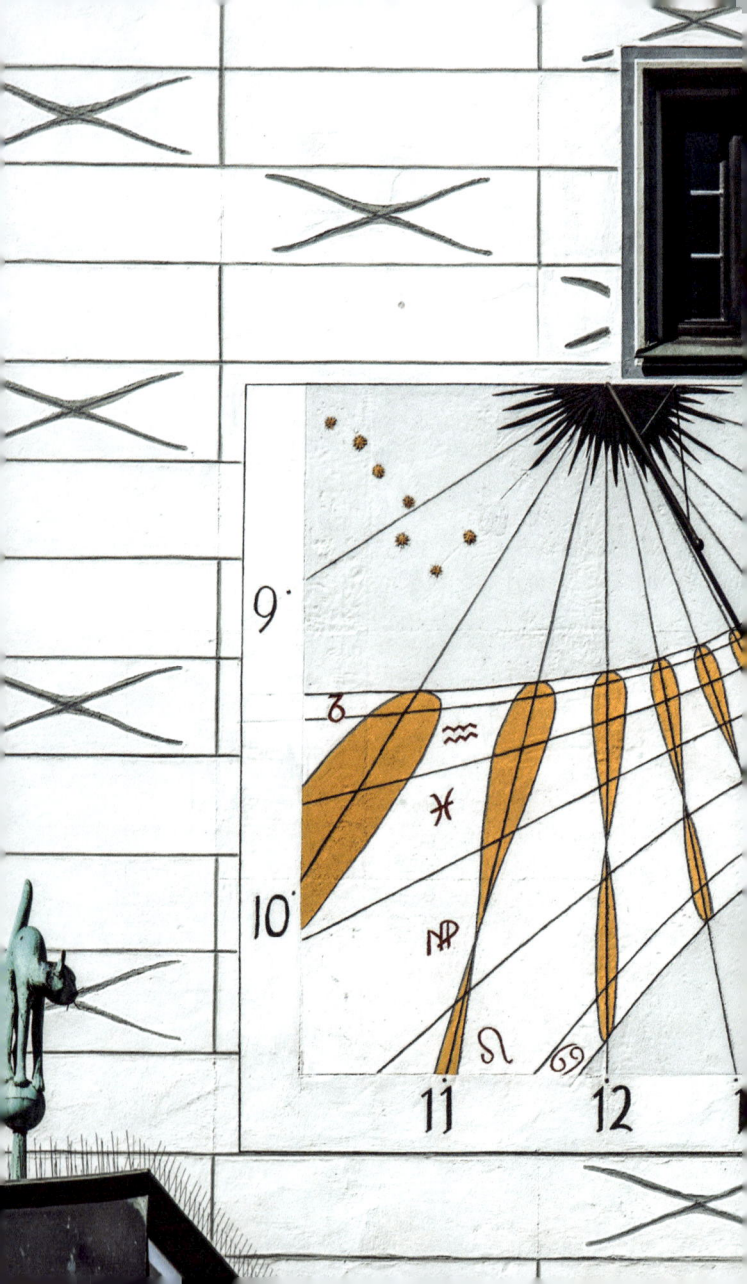

ALTSTADT 1
ZWISCHEN MARIENPLATZ UND VIKTUALIENMARKT

MEINE ERINNERUNG Mit dem Turm des Alten Rathauses verbinde ich viele persönliche Erinnerungen. Für mich, als damals Sechsjährigen, war die vorolympische Zeit in München prägend. Nicht nur, dass wir 1972 später eingeschult wurden, weil in den Schulen noch Gäste und Mitarbeiter der Olympiade einquartiert waren, auch das schnelle Entstehen neuer Bauten war faszinierend. Besonders nahe durfte ich beim Wiederaufbau des Turms am Alten Rathaus dabei sein. Mein Vater war Polier auf der Baustelle. Die Sicherheitsvorschriften waren etwas lockerer als heute, denn ich konnte ungehindert jede Ecke erkunden.
Der Blick von der Spitze des Turms war grandios. Bauen fasziniert mich, seit ich dort dabei sein durfte. Wohl auch ein Grund, warum ich später bei der Handwerkskammer landete.

Der **Turm des Alten Rathauses** hat heute mit dem Spielzeugmuseum wieder eine sinnvolle Nutzung gefunden. Und für ganz wenige Münchner, nämlich die Ehrenbürger der Stadt,

gibt es noch eine besondere Stube in einem oberen Stockwerk. Dazu haben nur sie einen Schlüssel. Derzeit ist das z.B. Christian Ude.

Der ursprüngliche Turm wurde wohl zwischen 1175 und 1178 gebaut. Er trug verschiedene Namen wie Thaltorturm, Thalbrucktor oder Zolltor. Nach dem Stadtbrand 1418 und einem Blitzschlag 1460 wurde er abgerissen und um 1470 neu errichtet. Immer wieder baute man den Turm über die Jahrhunderte hinweg um. Um 1670 erhielt er einen oberen Teil im Stil der Renaissance und später einen im barocken Stil. Der eigentlich gotische Turm wurde um 1861 wieder in sein ursprüngliches Erscheinungsbild gebracht. Im Zweiten Weltkrieg schließlich zerstörte der Bombenangriff vom 17. Dezember 1944 das Bauwerk. In den Nachkriegsjahren war man wohl erstmal nicht unglücklich darüber, dass der Verkehr an der Stelle ungehindert fließen konnte. Erst mit der Errichtung der Fußgängerzone – und damit sind wir wieder bei all den Baumaßnahmen rund um die Olympiade und der damit verbundenen Aufbruchsstimmung – dachte man wieder an den Turm. 1966 wurde im Stadtrat ein Antrag auf Wiederaufbau gestellt und dieser dann am 5. Mai 1971 beschlossen. Regierungsbaumeister Architekt Erwin Schleich war für die Planung verantwortlich. Den Zuschlag für den Bau erhielt die Baufirma Gebr. Rank & Co., bei der mein Vater, Xaver Vierlbeck, unmittelbar nach der Rückkehr aus der Kriegsgefangenschaft seine Tätigkeit begann. Der Wiederaufbau war 1974 abgeschlossen.

Karte zu Tour **Altstadt 1** und **Ludwigsvorstadt/Altstadt**

Karlstr.

Max-Joseph-Str.

Brienner Str.

Handwerkskammer

U ODEONSPLATZ

Elisenstr.

Ottostr.

Prannerstr.

Pacellistr.

Pliemayerstr.

Maxburgstr.

U KARLSPLATZ

Neuhauser Str.

Maximilianstr.

Sonnenstr.

Weinstr.

Hofstatt

MARIENPLATZ

Evang. Hand-werkerverein

Asamkirche

Herzog-Wilhelm-Str.

Sendlinger Str.

Oberanger

U

Konen

Altes Rathaus

Tal

Viktualienmarkt

Stadtmuseum

Orag-Haus

Frauenstr.

St. Matthäus

U SENDLINGER TOR

Blumenstr.

Müllerstr.

Münchner Stadtmuseum Das Areal des Stadtmuseums besteht aus zwei geräumigen Innenhöfen, eingerahmt von vier höchst unterschiedlichen Bauteilen. Das älteste Gebäude, das historische Zeughaus von 1500, ist zum St.-Jakobs-Platz hin orientiert, berührt aber auch den Rindermarkt mit dem vom Architekten Gustav Gsaenger Ende der 1950er Jahre errichteten Sammlungstrakt und den Sebastiansplatz mit dem Nachbau des mittelalterlichen Marstallgebäudes aus

dem Jahr 1977. → **Viktualienmarkt** Die Geschichte der
Metzgerzeile begann im Jahr 1315 und geht auf hygienische
Bedenken zurück. Damals standen die Fleischbänke noch
mitten auf dem heutigen Marienplatz. → **Marienplatz** Täglich
um 11 und 12 Uhr (von März bis Oktober zusätzlich 17 Uhr)
kann man unzählige Touristen beobachten, wie sie das
Glockenspiel am Neuen Rathaus bewundern. Das beginnt mit
dem Schäfflertanz nach der Melodie von „Aba heid is koid ..."
– dieser heitere Tanz der Münchner Schäffler (Fassmacher)
soll der Sage nach im Jahr 1517, als zum wiederholten Male
die Pest in der Stadt wütete, die Bewohner wieder aufgemun-
tert und aus ihren Häusern gelockt haben. → **Altes Rathaus**
Das Alte Rathaus wurde 1310 erstmals im Ratsbuch der Stadt
erwähnt. An der Turmfassade sind heute die verschiedenen
Stadtwappen Münchens zu sehen. Außerdem befinden sich
im Turm das Spielzeugmuseum und die große Ratsglocke.
→ **Handwerkskammer mit Galerie Handwerk** Im Juli 1956
wurde der Neubau in der Max-Joseph-Straße / Ecke Ottostraße
eingeweiht. Die Architekten waren Dr. Franz Ried und Horst
Döhnert aus München. Damit bezog die Kammer erstmals ein
eigenes Haus, nachdem sich Baupläne in früheren Jahrzehn-
ten nicht verwirklichen ließen. Als eine Galerie neuer Art, für
die es in der Bundesrepublik noch kein Vorbild gab, wurde in
der Handwerkskammer 1968 die Galerie Handwerk – Internationale Galerie für angewandte Kunst eröffnet. Kunsthand-
werkliche Leistungen, die in den Werkformausstellungen für
beschränkte Zeit gezeigt wurden, sollten nun in einer
Dauerausstellung zu sehen sein und zum Verkauf stehen.

Die Tour **Altstadt 1** kann mit der Tour **Ludwigsvorstadt/
Altstadt** verbunden werden.

SABINE BLEISE-DONDERER

ALTSTADT 2
WOHNZIMMER-
ATMOSPHÄRE

MEINE ERINNERUNG Die Sakristei der Matthäuskirche mit ihrem Parkettboden und der Holz-
decke, dem beigen Teppich und den Filzauf-
lagen auf den Holzstühlen und Bänken erinnert
mich immer etwas an das Wohnzimmer meiner
Eltern aus den 1950er bis 70er Jahren. Sogar
das Klavier und die Holzschränke passen dazu.
Schlicht, heimelig und schön. Die Matthäuskirche und die Sakristei, die auch Kapelle ist,
sind wie Inseln mitten im Münchner Autoverkehr. Der ist als beständiges Rauschen innen
stets zu hören und lässt die Welt präsent sein.
Aber durch die Bibelworte am Altarkreuz
kommt noch etwas anderes hinzu. Und das ist
evangelisch: Der Glaube an Christus und die
Welt gehören zusammen.

Das „Bodwannerl" oder „Luthers Achterbahn",
wie die alten Münchner die **Matthäuskirche**
liebevoll nennen, wurde von 1953 bis 1955 nach
Plänen von Gustav Gsaenger gebaut und galt
damals als herausragende bauliche Leistung
und Impulsgeber, kombinierte sie doch klassische Formen mit neuen Ausdrucksmöglich-
keiten: die Lampen und Türen aus Messing,
das Kurvenspiel des Dachs, die Nierenform
verleihen der Kirche einen spröden Charme.
Ein Zentralbau wurde geschaffen, der keine
Trennung von Priester- und Laienraum kennt
und das reformatorische Prinzip des „Priester-
tums aller Gläubigen" umsetzt. Gleiches gilt
für die Sakristei. Zweimal neun Stühle, beliebig
verstellbar, stehen vor dem schlichten Stein-
altar. Auf ihm zwei silberne Kerzenständer und
ein Altarkreuz aus dunklem Holz mit einem
silbernen Christus. Laut Inschrift am Sockel des
Kreuzes wurde es 1833 für die St.-Matthäus-
Kirche gestiftet. Ein Verweis auf die frühere
Matthäuskirche, die erste protestantische
Kirche Münchens, von 1827 bis 1833 in der
Sonnenstraße erbaut. Auf Befehl Adolf Hitlers

wurde sie 1938 abgerissen. Pfarrer und Gemeinde hatten eine Frist von fünf Tagen zwischen der Mitteilung und dem Beginn des Abrisses.

Der fast quadratische Raum der „Sakristei-kapelle" kann vielseitig verwendet werden. Hier werden Frühgottesdienste, Andachten und Taufen von Erwachsenen gefeiert; er ist Ort der Begegnung, wenn sich der Kirchenvor-stand und die Senioren zum Geburtstagskaffee treffen. Dann werden die Stühle umgestellt, Tische hineingetragen und die Kapelle verwan-delt sich. Der Blick wird von zwei Holzpaneelen angezogen, die das Altarkreuz einrahmen. Er verweilt bei den Worten aus der heiligen Schrift, jeweils eingeleitet mit der Formulie-rung „Jesus spricht". „Wo zwei oder drei versammelt sind in meinem Namen, da bin ich mitten unter ihnen", heißt es da. Hier kann man sich mitten im alltäglichen Leben auf Christus ausrichten und Zuspruch erfahren.

Karte zu Tour **Altstadt 2** und **Altstadt 3**

ALTER
BOTANISCHER
GARTEN

Elisenstr.

Maximiliansplatz

Kunstgewerbeverein

KARLSPLATZ

Maxburgstr.

Jesuiten-Kolleg

Neuhauser Str.

Ettstr.

**St. Michael
Kreuzkapelle**

Kaufingerstr.

Herzogspitalstr.

Sonnenstr.

Damenstiftstr.

MARIENPLATZ

**Evang. Kirchen-
eintrittsstelle**

Radspielerhaus

Herzog-Wilhelm-Str.

Sendlinger Str.

St. Matthäus

SENDLINGER
TOR

Lindwurmstr.

St. Matthäus am Sendlinger Tor Die evangelische Bischofskirche Münchens, St. Matthäus am Sendlinger Tor, beeindruckt durch eine kühne Architektur im Außen- und Innenbereich. Nach dem Zweiten Weltkrieg wurde sie anstelle der von den Nazis abgerissenen Kirche von Gustav Gsaenger erbaut. In der Sakristei befinden sich einige wenige gerettete Erinnerungsstücke aus der alten St.-Matthäus-Kirche. → **Kircheneintrittsstelle** In der Herzog-Wilhelm-Straße 24 befinden sich das Evangelische Bildungswerk und die Kircheneintrittsstelle der Evangelisch-Lutherischen Kirche in Bayern. → **Radspielerhaus und -garten** Das ehemalige Palais Rechberg in der Hackenstraße beherbergt heute den „Radspieler", seinerzeit Königlicher Hoflieferant für das Schnitzer- und Vergolderhandwerk. In den Geschäfts-räumen der Familie von Seidlein sind kostbare Ausstattun-gen erhalten. Im Garten viel Stille, einige Brunnenfiguren und das seltene innerstädtische Grün. In diesem Haus wohnte Heinrich Heine bei seinem Münchner Aufenthalt.

Die Tour **Altstadt 2** kann mit der Tour **Altstadt 3** verbunden werden.

ALTSTADT 3
EINE OASE

MEINE ERINNERUNG Gegenüber ist das Polizei-
präsidium – was soll in dieser eher schmalen
Ettstraße so still sein? Gerade fährt ein Polizeiwagen mit Geheul vorbei. Zwei schwere Türen
fallen hinter mir zu. Ein Mittagslicht, ein Mittags-
schatten über dem Altargemälde. Es dringt
kaum ein Lärm in diese Kapelle, kaum ein Beter
betritt sie, kaum ein Kunstfreund schaut sich
das Altargemälde, eine bewegende Kreuzigungsszene des Hans von Aachen, an. Das ist
der Platz zum Innehalten in aller Geschäftigkeit
der Innenstadt. Ich lege meine Einkaufstaschen ab, setze mich hin. Die Ruhe kommt
ganz von selbst und über das Mittagslicht
huscht jetzt schon ein Nachmittagsschatten.
Jetzt habe ich Stille getankt und der nächste
Polizeiwagen regt mich gar nicht mehr auf.

Östlich des Chores von St. Michael ist die **Kreuzkapelle** von 1596 von der Ettstraße aus zugänglich. Man geht durch ein kleines, von einer Säulen-Ädikula gerahmtes Portal in einen zweiachsigen, rechteckigen Saal mit oktogo-

nalem Altarraum. Er wurde wahrscheinlich von Giuseppe Valeriano entworfen und wirkt eher klein. Die Kapelle zeichnet sich durch ein beeindruckendes Hochaltargemälde aus. Man sieht eine Kreuzigungsszene in stillen, verhaltenen Farben und von großer Dynamik. Das geneigte Haupt des toten Christus, aber auch die erhobenen blassen Hände der Maria und ihr bleiches Gesicht, der hoffnungslose Blick des in ein rotes Gewand gehüllten Johannes – die ganze Darstellung ist sehr berührend. Das Gemälde stammt von Hans von Aachen (um 1588).

Im Oberbild ist eine Verkündigung an Maria zu sehen.

Hans von Aachen wurde 1552 in Köln geboren und starb 1615 in Prag. Er verbrachte viele Jahre in Italien, in Venedig und, als Höhepunkt seines Schaffens, in Florenz bei den Medici. Später arbeitete er in Augsburg bei den Fuggern. Er gehört zum Kreis der Manieristen. Hans von Aachen wirkte in München und am Hof Rudolfs II. in Prag, wo er auch gestorben ist.

Die Kapelle beherbergt neben dem Gemälde zudem in Nischen eine große Anzahl von Reliquien, kostbar gefasst und in kostbare Rahmen gefügt, sowie Figuren des Ecce homo und der Schmerzhaften Muttergottes, auch der beiden Heiligen Barbara und Katharina, die der Hubert-Gerhard-Werkstatt zugeschrieben werden.

Karte zu Tour **Altstadt 3** und **Altstadt 2**

ALTER
BOTANISCHER
GARTEN

Elisenstr.

Maximiliansplatz

Kunstgewerbeverein

KARLSPLATZ

Maxburgstr.

Jesuiten-Kolleg

Neuhauser Str.

Ettstr.

**St. Michael
Kreuzkapelle**

Herzogspitalstr.

Damenstiftstr.

Sonnenstr.

Kaufingerstr.

MARIENPLATZ

**Evang. Kirchen-
eintrittsstelle**

Herzog-Wilhelm-Str.

Radspielerhaus

Sendlinger Str.

St. Matthäus

SENDLINGER
TOR

Lindwurmstr.

Kreuzkapelle an St. Michael Gegenüber dem Polizeiprä-
sidium in der Ettstraße führt ein schönes altes Portal in die
Kreuzkapelle an St. Michael. Sie birgt ein Hochaltargemälde
des Hans von Aachen, eine Kreuzigungsszene aus dem
16. Jahrhundert und den Reliquienschatz von St. Michael.
Die Kapelle ist untertags zugänglich. **→ Jesuiten- Kolleg**
An der Maxburgstraße 6 führt eine Toreinfahrt in einen
Innenhof des Kloster-Komplexes an St. Michael.
Dort kann man in einer Loggia Figuren sehen, die ehemals
die Fassade von St. Michael schmückten. **→ Kunstgewerbeverein in der Pacellistraße** Zwischen einem
Lederwarengeschäft und dem Kunstgewerbeverein führt
eine Passage in einen Hof und dann gleich wieder links in
einen weiteren Hof mit zwei Brunnen. Diese Idylle gehörte
früher zu einem Klosterkomplex, wurde in den 1970er
Jahren aus seinem Dornröschenschlaf geweckt und in der
heutigen Gestalt renoviert.

Die Tour **Altstadt 3** kann mit der Tour **Altstadt 2** verbunden
werden.

Hof des Kunstgewerbevereins

ALTSTADT 4
PLATZ FÜR DIE SCHMUDDELKINDER

MEINE ERINNERUNG Ich bin in Berlin geboren. Meine Kindheit habe ich aber in Unterfranken verbracht. Mainfranken ist wirklich wunderschön. In meiner Kindheit ist mir dieser Landstrich sehr ans Herz gewachsen. Andererseits war es nicht immer ein Zuckerschlecken dort zu leben – als Kind protestantischer Akademiker in einem katholischen Bauern- und Maurerdorf. Da war eigentlich gar kein Platz für so einen merkwürdigen Jungen wie mich. Protestanten waren halt einfach: bäh. Protestanten machten in München sehr lange ähnliche Erfahrungen. Und so finde ich es spannend und zugleich ermutigend, in München Orte aufzusuchen und zu finden, an denen es tatsächlich Platz gab für Protestanten – oder zumindest Hinweise auf ihre Existenz – wie an der Armlehne des Max-Joseph-Denkmals am Nationaltheater.

Letztlich verdankt es die evangelische Christenheit in München ja Prinzessin Caroline von Baden (1776 – 1841), der Ehefrau des späteren und ersten bayerischen Königs Maximilian I. Joseph, dass der Protestantismus überhaupt in München Fuß fassen konnte. Denn Caroline ließ sich in ihrem Ehevertrag zusichern, dass sie ihre Konfession behalten und auch am Hofe ausüben konnte. Sie brachte Pfarrer Ludwig Friedrich Schmidt als Kabinettsprediger mit in die bayerische Residenzstadt, der am 12. Mai 1799 den ersten evangelischen Gottesdienst im Grünen Saal des Nymphenburger Schlosses hielt. Der evangelische Geistliche wurde später übrigens seitlich an einer Armlehne des **Max-Joseph-Denkmals** vor dem Nationaltheater figürlich verewigt.

In der Folge wurde der ehemalige Ballsaal der Münchner Residenz zu einer Kirche umgebaut, in der fortan die evangelischen Gottesdienste stattfanden. Während des Kriegs wurde die Kirche aber zerstört, sodass sie heute nicht mehr zu sehen ist. Sie befand sich an der Stelle des heutigen Comité-Hofs (erreichbar über den

Brunnenhof, Eingang Cuvilliéstheater). Seit April 2017 erinnert eine Gedenktafel an dieses erste protestantische Gotteshaus in München.

Die evangelische Gemeinde wuchs rasch an. Bald schon wurde der Bau einer neuen Kirche außerhalb der Residenz erwogen. Die ursprünglich übereignete Salvatorkirche war von Anfang an zu klein und kam daher nicht in Gebrauch. So wurde schließlich die erste Matthäuskirche als nachklassizistische Rotunde nach Plänen von Johann Nepomuk Pertsch auf einer Verkehrsinsel in der Sonnenstraße, ganz nah am Stachus, erbaut. Doch

auch diese erste Gemeindekirche steht heute nicht mehr, Hitler ließ sie 1938 abreißen.

St. Markus

Brienner Str.

Ludwigstr.

Platz der Opfer des
Nationalsozialismus

U ODEONSPLATZ

Salvatorkirche

Residenz

Maximilian Str.

Neuhauser Str.

MARIENPLATZ

Sonnenstr.

Evangelisches
Forum

Sendlinger Str.

U

Marienplatz

Tal

St. Matthäus

U SENDLINGER TOR

St. Matthäus In der heutigen St.-Matthäus-Kirche am
Sendlinger Tor befindet sich im Foyer vor dem Pfarramt ein
kleiner Schaukasten in die Wand eingelassen, in dem an die
erste Matthäuskirche, damals in direkter Nachbarschaft zum
Karlsplatz, erinnert wird. → **Evangelisches Forum** Hier in
der Herzog-Wilhelm-Straße 24 sind neben der Kircheneintrittsstelle vor allem evangelische Bildungseinrichtungen

untergebracht: Bildungswerk, Stadtakademie, Familienbil-
dungsstätte Elly Heuss-Knapp sowie die Arbeitsgemeinschaft
Evangelische Erwachsenenbildung in Bayern. → **Marienplatz**
Während auf dem Platz an der Mariensäule der Kampf des
katholischen Bayerns gegen den (protestantischen) Unglau-
ben (Symbol: Schlange) verewigt ist, zeigen sich evangelische
und katholische Kirche in den „Niederungen" (Unter-
geschoss) in der ökumenischen Krisenberatung „Münchner
Insel" einträchtig Hand in Hand. → **Residenz** In und an der
Residenz finden sich Spuren des aufkeimenden Protestantismus: Am Max-Joseph-Denkmal vor dem Nationaltheater
ist der erste evangelische Geistliche Dr. Ludwig Friedrich
Schmidt bildlich dargestellt. Im Comité-Hof wurde 2017 eine
Gedenktafel für das (im Krieg zerstörte) erste protestantische
Gotteshaus angebracht. → **Salvatorkirche** In unmittelbarer
Nähe befindet sich die Salvatorkirche, die ursprünglich die
erste evangelische Kirche außerhalb der Residenz werden
sollte. Da sie aber zu klein war, wurde sie nie genutzt und
einige Jahre später der griechisch-orthodoxen Gemeinde zur
Verfügung gestellt. → **Platz der Opfer des Nationalsozialis-
mus** Hier kann der evangelischen Geschwister Sophie und
Hans Scholl gedacht werden. Sie wurden als Mitglieder der
Widerstandsgruppe Weiße Rose verhaftet und hingerichtet.
Vor dem Haupteingang der LMU sind in den Bodenbelag
bronzene Flugblätter eingelassen. → **St. Markus** Die
Dekanats- und Universitätskirche gehört wie z.B. auch die
im Jugendstil gestaltete Erlöserkirche in Schwabing zu den
prominenten ersten evangelischen Kirchen in München.
Beide wurden bei Renovierungen umgestaltet und betonen
mit ihren in den Kirchenraum gerückten Volksaltären den
Gemeinschaftsgedanken in der evangelischen Kirche.

GUNDULA KRONAWITTER

LEHEL
MUTPROBE IN DER ALTEN STRASSENBAHN

MEINE ERINNERUNG Zwischen den Bäumen lugt das „Museum Fünf Kontinente" hindurch, über der Isar thront der Prachtbau des Maximilianeums, im Norden liegen die reichen Gründerzeithäuser. Am St.-Anna-Platz ist das früher reine Mädchengymnasium, meine alte Schule, untergebracht und am Rondell das Wilhelmsgymnasium für die Jungen, die Schule von Feuchtwanger und den Mann-Kindern, eine Eliteschule bis heute. Zu meiner Schulzeit kündigte der Schaffner der Straßenbahn die Haltestelle oft mit „Max-denk-zwei-Mal" an. Und die Tram hatte Türen, die man selber öffnen konnte. Um uns zu imponieren, sprangen die Buben oft während der Fahrt im Rondell ab, auch mein späterer Mann. Er hatte mich bei den täglichen Trambahnfahrten ins Auge gefasst – ich ihn noch nicht so sehr. Später schon!

Die **Bronzestatue von König Max II.** stammt aus einer berühmten Werkstätte: Sie wurde in der Königlichen Erzgießerei gegossen. Diese wurde 1822 zwischen der damaligen Münchner Stadtgrenze und dem Dorf Neuhausen an der Nymphenburger Straße erbaut und stand unter der Leitung von Johann Baptist Stiglmaier. Nach dessen frühem Tod leitete sein Neffe Ferdinand von Miller über vier Jahrzehnte lang bis 1887 die Erzgießerei. Als ihr Direktor belebte von Miller die seit der Antike beinahe vergessene Kunst des monumentalen Erzgusses. Mit der Quadriga auf dem Münchner Siegestor begann der internationale Erfolg. Einen der Löwen der Quadriga präsentierte Ferdinand von Miller auf der Weltausstellung 1851 in London. Er gewann den ersten Preis und erhielt von nun an weltweit Aufträge, u.a. in Bogotá, New York, Washington, Boston, New Orleans, St. Louis, Odessa, Stockholm, Prag, Venedig, Belgrad, Istanbul. In Deutschland stellt wohl das Goethe-Schiller-Denkmal in Weimar viele andere Statuen u.a. in Regensburg, Bamberg, Stuttgart, Dresden oder Mannheim in den Schatten.

In München begegnet man den Werken
aus der Erzgießerei auf Schritt und Tritt: dem
Obelisk auf dem Karolinenplatz, dem Nymphen-
brunnen im Hofgarten, den Heerführern Tilly

und Wrede in der Feldherrnhalle, König Max I. Joseph vor dem Nationaltheater oder Orlando di Lasso auf dem Promenadeplatz. Von Millers berühmtestes Werk ist die Bavaria, aus deren Kopf so mancher schon die Aussicht auf die Theresienwiese genossen und auf diese Weise die riesigen Dimensionen der Statue hautnah erlebt hat.

Das Maxmonument findet sich auf der berühmten und teuren Maximilianstraße. Jeder König wollte eine Prachtstraße haben, dieser auch: König Max II., der Vater des Märchenkönigs Ludwig II., ein Herrscher, der Philosophen und Wissenschaftler nach München holte, ein König mit sozialer Ader. Er hat die Maximilianstraße begonnen und geplant. Vollenden konnte er sie nicht mehr. Seine Münchner schufen nach seinem allzu frühen Ableben mit 52 Jahren diese Skulptur in der Mitte eines Rondells, auf dem sich zwei Straßenbahnlinien kreuzen. Heute macht eine Verkehrsinsel es möglich, sich dem König zu nähern, früher ging das nicht.

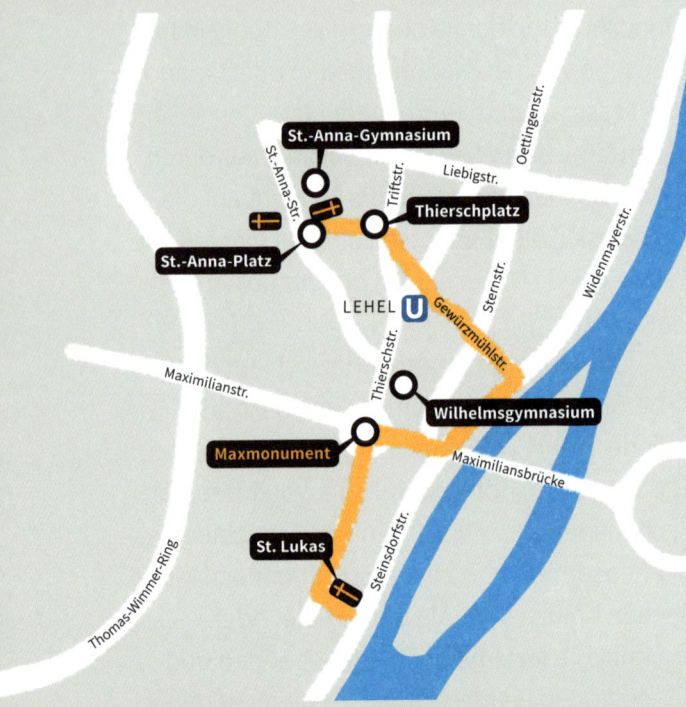

St.-Anna-Platz Auf dem St.-Anna-Platz stehen sich zwei Kirchen gegenüber: Links die St.-Anna-Klosterkirche als erste Rokokokirche Bayerns, erbaut von Johann Michael Fischer und ausgestattet von den Asam-Brüdern Cosmas und Egid, und rechts die St.-Anna-Pfarrkirche. Das Lehel hatte sich seit Mitte des 19. Jahrhunderts stark vergrößert, so dass die Klosterkirche zu klein wurde. Hoch erhoben steht seit 1885 die Pfarrkirche am Platz, erbaut von Gabriel von Seidl im Stil einer Basilika. → **St.-Anna-Gymnasium** Das Gymnasium beherbergt ein Kraftwerk: Ein Wasserrad treibt einen Generator an, der Strom erzeugt. Das Lehel ist von zahlreichen Bächen durchzogen, die heute fast alle unterirdisch verlaufen oder zugeschüttet sind. Im St.-Anna-Gymnasium wird der Stadtsägmühlbach seit der Generalsanierung 2006 zur Stromerzeugung genutzt. → **Thierschplatz** Unauffällig, fast versteckt, schmückt ein Brunnen die kleine Grünanlage am Thierschplatz. Der Schnitterin- oder Ceresbrunnen wird auch Waitzfelderbrunnen genannt nach dem Spender gleichen Namens, dem Privatier Waitzfelder, der ihn seiner geliebten Stadt München 1905 gestiftet hat. → **Wilhelmsgymnasium** 450 Jahre altes, rein humanistisches Gymnasium in der Thierschstraße, das schon viele berühmte Schüler beherbergt hat: Johannes R. Becher, Felix Dahn, Anton Diabelli, Lion Feuchtwanger, Ödön von Horváth, Franz von Kobell, Klaus Mann, Ludwig Thoma, Konstantin Wecker oder Jonas Kaufmann. → **Maxmonument** Denkmal für König Max II., von Ferdinand von Miller gegossen. Erst 1875, elf Jahre nach dem Tod von König Max II., wurde die Statue aufgestellt. Sie ist umgeben von vier allegorischen Figuren: Friedensliebe, Stärke, Gerechtigkeit und Weisheit. Die Wappen von Altbayern, der Pfalz, Franken und Schwaben werden von Putten gehalten. → **St. Lukas** An dieser Stelle befand sich früher der Isarhafen mit der Flößerwirtschaft „Grüner Baum". 1890 gab es bereits 50.000 Protestanten in München. Ein drittes Gotteshaus neben St. Matthäus und St. Markus wurde notwendig. Vorbild für St. Lukas war der Berliner Dom. Die Gemeinde engagiert sich in vielen Bereichen, u.a. für Musik und Kunst. Hervorzuheben ist die Unterstützung von Obdachlosen.

EVA KRETZSCHMAR

HAIDHAUSEN
DER TAPFERE
GEORG ELSER

MEINE ERINNERUNG In meiner Familie galt das ehemalige Gelände des Bürgerbräukellers in Haidhausen noch lange nach dem Krieg als ein Ort, den wir gemieden haben. Der Ort des Attentats auf Adolf Hitler, der Ort des tapferen Georg Elser. Noch kann ich mich an den zerstörten Bürgerbräukeller erinnern, an die scheuen Berichte vom Attentat, und dass man lange vermutete, Elser hätte nicht allein, sondern in einer Gruppe mit anderen gehandelt. Heute erinnert eine Gedenktafel, eingelassen in den Boden gegenüber dem Gasteig Kulturzentrum, an den Einzelkämpfer. Er geht mir nicht aus dem Kopf und ich grüße ihn in Gedanken, wenn ich an seiner Gedenktafel vorübergehe.

Wenige Wochen nach Beginn des Zweiten Weltkriegs versuchte der Schreiner Georg Elser im Bürgerbräukeller Adolf Hitler durch ein Attentat zu töten. Es war der 8. November 1939.

Einer politischen Organisation hatte sich der 1903 im Württembergischen geborene Elser nie verpflichtet gefühlt und den Nationalsozialismus lehnte er von Anfang an ab. Er zog nach München und ließ sich nachts in den Bürgerbräukeller einsperren, um sein Attentat vorzubereiten. Er tat dies sorgfältig. Und alleine. Es kam zu einer Detonation, bei der acht Menschen ihr Leben verloren. Hitler selbst war noch vor der Explosion abgereist. „Ich habe den Krieg verhindern wollen", sagte Elser bei seiner Befragung. Er wurde noch am selben Abend beim Versuch, über die Schweizer Grenze zu gelangen, festgenommen, pausenlosen Verhören und schwere Misshandlungen unterzogen. Zunächst brachte man ihn ins KZ nach Sachsenhausen und dann ins KZ Dachau, wo er wenige Tage, bevor die US-Armee das Lager befreite, am 9. April 1945 erschossen wurde.

Auch nach dem Ende des Zweiten Weltkriegs blieb Georg Elser die Anerkennung als Widerstandskämpfer versagt. Sogar in München selbst war Elser lange Zeit verkannt und vergessen, bis nach 1979 endlich auf dem Gelände des ehemaligen Bürgerbräukellers eine **Elser-Gedenkstelle** in Form einer in das Pflaster eingefügten Metallplatte errichtet wurde.

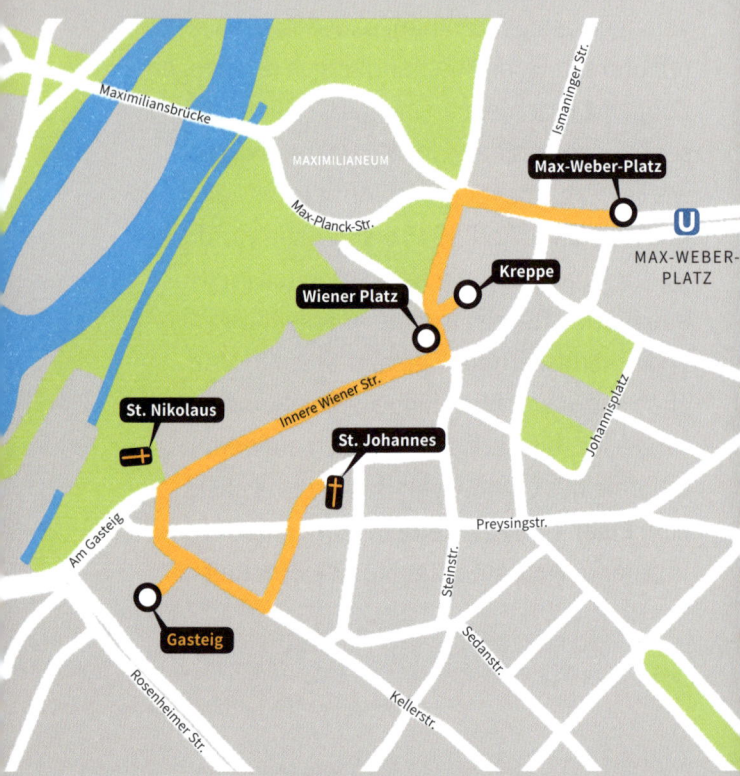

St. Johannes am Preysingplatz Mitten im Ersten Weltkrieg erbaut, löste diese Kirche eine alte Notkirche ab, die an derselben Stelle stand. Sie ist im neoromanischen Stil erbaut, wurde in den 1980er Jahren renoviert und ist Zentrum eines regen Gemeindelebens. Sie wird zärtlich „des lieben Gottes Wohnzimmer" genannt. → **Elser-Plakette am**

Gasteig Heute liegt zwischen dem Gasteig-Komplex und einem großen Bürogebäude in den Boden eingelassen die Elser-Plakette, die an den Widerstandskämpfer Georg Elser erinnert, der hier sein Attentat auf Adolf Hitler verübte und mit dem Leben dafür bezahlen musste. → **Söller am Gasteig** Gegenüber, jenseits der Isar, lag eine der alten Floßländen Münchens, etwa auf der Höhe der St.-Lukas-Kirche. Baumaterial für die Stadt München kam auf der Isar in die Stadt, vor allem Holz, aber auch Lebensmittel wie Wein aus Italien und Bier aus dem Oberland. → **St. Nikolaus** Die kleine St.-Nikolaus-Kirche am Gasteig ist dem heiligen Nikolaus, dem Patron der Schiffer geweiht. Sie steht noch heute da, wo einstmals auch das Leprosenhaus Münchens stand, der Ansteckungsgefahr wegen weit draußen vor der Stadt. → **Wiener Platz** Den ehemaligen Marktplatz Haidhausens zeigt heute noch der Maibaum an, der dort inmitten von Standln, kleinen Herbergshäusern und großen Wohnhäusern des 19. und frühen 20. Jahrhunderts steht. Vor nicht allzu langer Zeit wurde im dortigen Hofbräukeller noch gebraut. → **Kreppe** Ein steiler Weg führt in die Kreppe hinunter, wo noch einige der alten Herbergshäuschen zu sehen sind, früher eine Lehmgrube mit äußerst unbequemen Wohnverhältnissen. Unhygienische Wasser- und Abwasserverhältnisse verursachten mehrfach Cholera-Epidemien. → **Max-Weber-Platz** Hier tost der Verkehr, es gibt U-Bahn und Straßenbahnanbindung, gleich nebenan das Klinikum rechts der Isar, das sich auf dem Gebiet der alten „Grube" (auch ein Herbergsviertel) ausgedehnt hat. Ein kleiner, aber effizienter „Verkehrs-knotenpunkt". So stand es in meinem Heimatkundebuch und so ist es auch heute noch.

BERG AM LAIM 1
HIRTE SEIN UND ZUM FRISCHEN WASSER FÜHREN

MEINE ERINNERUNG Ich stehe im Sonnenlicht auf dem alten Friedhof von St. Stephan in Berg am Laim. Das Jugendstilgrab neben dem Tor zeigt einen wandernden Hirten mit seinem Stab und drei winzige Schafe, die mit ihm ziehen. Darunter die vertrauten Psalmworte: „Der Herr ist mein Hirte und nichts kann mir fehlen." Ich staune über die liebevoll in Stein gemeißelten Details: die zarten Beine der Schafe, der dünne Stab, der Orientierung gibt, und die zwei Engel, die sich mir zuwenden. Ihre Flügel schenken mir Leichtigkeit. Oh, wie weit zurück reicht dieses Hirtenbild und wie können wir es begreifen? In Gedanken gehe ich wieder über Wiesen, beschützt und umsorgt von den Eltern beim Sonntagsspaziergang und empfinde wieder Dankbarkeit für mein Leben und Zuversicht in meine kommende Zeit.

Auf dem Weg in den Münchner Osten findet sich eine alte Kirche, die in Urkunden erstmalig um 813 als Vorgängerbau unter dem Ort „Perge", später Baumkirchen, Erwähnung findet. Die **St.-Stephans-Kirche** gehört heute zu den ältesten urkundlich erwähnten Kirchen

Münchens. Mit ihrer weithin leuchtenden Goldkugel unter der Dachspitze war sie der ursprüngliche Dorfmittelpunkt von Baumkirchen, heute Berg am Laim. Der **Friedhof** ist noch gut erhalten. Seine Gräber werden heute von Ehrenamtlichen gepflegt. Die letzten Beerdigungen haben hier in den 1920er Jahren stattgefunden. Besondere Grabmale zeugen von Geschichten, die zum Nachdenken anregen und die Besucher innehalten lassen. Diese Gräber stammen von Ziegeleibesitzern und Mäzenen, Personen des damaligen öffentlichen Lebens – Privatiere, Geistliche und Ordensschwestern der Englischen Fräulein wurden hier beerdigt. In der Kirche erinnert ein

Grabstein an Sebastian Mutschelle (1749 – 1800). Dieser war eine Pfarrerpersönlichkeit im Dorf Baumkirchen und ebenso als Professor der Moral- und Pastoraltheologie am kurfürstlichen Lyzeum in München tätig. Der Friedhof erinnert dazu heute noch an einfache Handwerkerfamilien. Und ein Kindergrab stammt von dem Töchterchen eines Dampflokomotivführers.

Am Eingang des Friedhofs befindet sich eines der in München seltenen Gräber aus der Zeit des Jugendstils. Die Nachkommen haben es ihrer Mutter gewidmet. Das Grab mit dem Hirtenbild wird oft von kunsthistorisch interessierten Menschen besucht.

Leider gibt es wenig schriftliche Quellen zur Entstehung des Friedhofs um die St.-Stephans-Kirche, da im Zweiten Weltkrieg 1944 der gegenüberliegende Pfarrhof durch eine Luftmine zerstört wurde. Sämtliche geschichtlichen Unterlagen aus dem Pfarramt wurden vernichtet.

BERG AM LAIM
S

Truderinger Str.

Baumkirchner Str.

Neumarkter Str.

St. Stephan

Hansjakobstr.

Grüner Markt

Josephsburgstr.

Ellingerweg

Weißes Bräuhaus

Kreillerstr.

Baumkirchner Str.

Virgilstr.

Josephsburgstr.

U

JOSEPHSBURG

Loretokirche

Clemens-August-Str.

St. Michael

Else-Rosenfeld-Str.

Offenbarungskirche

Josephsburgstr.

St.-Michael-Str.

Offenbarungskirche Der Zuzug von evangelischen Christen in den Großraum München machte 1961 den Bau der Offenbarungskirche möglich. Im Innenraum des Ziegelbaus lädt das Altarkreuz aus Messing von Eva Moshack zu Ruhe und Meditation ein. Das heutige Gemeindehaus neben der Kirche ist seit 1928 ein Begegnungsort für Kinder bis zu den Senioren. Als eigenes, erstes Pfarrhaus mit Betsaal und Glockenturm haben es die evangelischen Christen damals gebaut. → **St. Michael** Von der St.-Michael-Straße führt ein kleiner Fußweg um das Kloster der „Barmherzigen Schwestern" zur Pfarrkirche St. Michael. Am Ende des Wegs begegnet uns hier ein bedeutendes Mahnmal: das Portal des ehemaligen Eingangs des Klosters, von 1941 bis 1943 des jüdischen Internierungslagers. Der Bildhauer Nikolaus Gerhart hat nach Abriss des Lagers das Portal zu einem Mahnmal umgestaltet. Der Vorgängerbau der prächtigen Pfarrkirche St. Michael war um 1690 die Josephsburg: Ihre Kapelle stand im Zeichen des heiligen Michael (Michaelsritterorden), der Ziegelbau war ein Hofmarkschloss. Später entstand im Mittelbau des Schlosses die Michaelskirche unter Erzbischof und Kurfürst von Köln Clemens August aus dem Hause Wittelsbach, dem Bruder des bayerischen Landesherrn. Der Rokokobau St. Michael wurde unter dem Baumeister Johann Michael Fischer 1738 begonnen und 1750 fertiggestellt. → **Loretokirche / St. Mina** 1996 wurde aus der Loretokirche, ehemalige Klosterkirche der „Englischen Fräulein", die koptische St.-Mina-Kirche. Den Innenraum ziert ein Sternenhimmel und der Altarraum ist mit einer geschmückten Ikonen-Bildwand ausgestaltet. → **Gaststätte „Weißes Bräuhaus"** Vor dem „Weißen Bräuhaus" (Baumkirchner Straße 5) war 2013 bei der 100-Jahrfeier der Eingemeindung Berg am Laims nach

München der Treffpunkt der Religionsgemeinschaften zu einem „Interkulturellen Gebet". Das „Weiße Bräuhaus" ist ein alteingesessenes Gasthaus mit gemütlichem, kleinem Biergarten und bekannt für sein Weißbier – „Schneider Weiße". Auf dem folgenden Weg beginnt das frühere Dorf Baumkirchen. **→ Altes Schulhaus u. Betsaal / Grüner Markt** Der Ursprung der evangelischen Christen ab 1903 liegt im alten Schulhaus in einem Betsaal. Bis 1928 ranken sich die Geschichten um eine gute Unterbringung der „neuen" evangelischen Christen in Oberbayern und um ein Lokal für den Jungfrauenbund. Auch ein Umzug des „Evang. Vereins" in das Aumüllerhaus, das Mitte des 20. Jahrhunderts der Erweiterung der Hauptstraße durch den Ortsteil weichen musste, sorgte für organisatorische Turbulenzen in der damaligen Zeit. Beim „Grünen Markt" angekommen, stehen wir im Zentrum von Berg am Laim. Heute finden hier, an der früheren Straßenbahnwendeschleife, der Wochenmarkt sowie die Feste und Feiern im 14. Stadtbezirk statt. An der Seite zum Behrpark findet sich ein „grüner" Bertsch-Trink-wasserbrunnen mit „Zamperl-Becken", eine Erinnerung an den Städtischen Baurat Wilhelm Bertsch. **→ St. Stephan** Die ehemalige Pfarrkirche von Berg am Laim, erbaut 1511. Ab dem 8. Jahrhundert ist eine Vorläuferkirche in kaiser-lichem Besitz belegt. Eine Tafel in der Kirche erinnert an Sebastian Mutschelle, Pfarrer, Philosoph und Moraltheo-loge, der hier beerdigt wurde. Der gepflegte Friedhof zeigt interessante Grabsteine aus dem 18. und 19. Jahrhundert und ein seltenes Jugendstilgrab. An sonnigen Tagen laden die Bänke unter einigen alten Bäumen, Menschen zum Verweilen ein.

Pfarrkirche St. Michael in Berg am Laim

FABIAN EWALD

BERG AM LAIM 2
EIN PLATZ DER BEGEGNUNG

MEINE ERINNERUNG Inzwischen komme ich gerne hierher: Die Bänke und Wiesen des Piusplatzes laden zum Verweilen ein, zum Entspannen und zum Abschalten. All die Hektik und der Lärm der Stadt scheinen hier weit weg zu sein. Der Piusplatz war nicht immer ein Juwel. Aber heute ist er ein belebter Platz, auf dem oft gefeiert wird: etwa das große Sommerfest, bei dem sich Vereine aus dem Stadtteil präsentieren. Beim Ramadanfest der örtlichen Moscheegemeinde treffen Kulturen und Religionen aufeinander. Ich gehöre zu der evangelischen Rogatekirche. Auch wir haben hier schon mit der katholischen Nachbargemeinde gefeiert oder mit Kindern und Jugendlichen Geländespiele gespielt.

Die Siedlung Neuramersdorf wurde als eine der ersten Siedlungen des sozialen Wohnungsbaus in München überhaupt angelegt. In den Jahren 1928 bis 1931 baute die kurz zuvor gegründete „Gemeinnützige Wohnungsfürsorge AG" (GEWOFAG) nördlich des alten Ortskerns von

Ramersdorf, auf dem Grund von Berg am Laim. Das Zentrum der neuen Siedlung bildete der **Piusplatz** – benannt nach der gleichnamigen Pfarrkirche, die 1931 am westlichen Ende des Platzes eingeweiht wurde. In der Siedlung, die aus einfach ausge-statteten Mietwohnungen bestand, sollten insbesondere kinderreiche Arbeiterfamilien und Kriegsgeschädigte eine Bleibe finden. Von den ursprünglich geplanten 3.500 Wohnungen wurden aufgrund der Weltwirtschaftskrise nur 1.343 Quartiere fertiggestellt. Unter den Nationalsozialisten wurden weitere Wohnblöcke um den Piusplatz herum errichtet, Ergänzungen dazu nahm man nach dem Zweiten Weltkrieg vor.

Die in die Jahre gekommenen, teilweise stark verwilderten Grünflächen des Platzes wurden mit Mitteln aus dem Bund-Länder-Programm „Soziale Stadt" in den Jahren 2011 und 2012 umgestaltet und aufgewertet. Heute hat der Piusplatz eine große, offene Grünfläche, die sowohl von Bürgern, als auch von Vereinen aus dem Stadtteil wieder gerne genutzt wird. Neue Wege und Sitzgelegenheiten sind entstanden. Auch der Blick auf die namensgebende Kirche St. Pius ist heute frei und so bildet der Piusplatz wieder ein echtes Zentrum für die Menschen aus der umgebenden Siedlung.

Karte für Tour **Berg am Laim 2** und Tour **Ramersdorf**

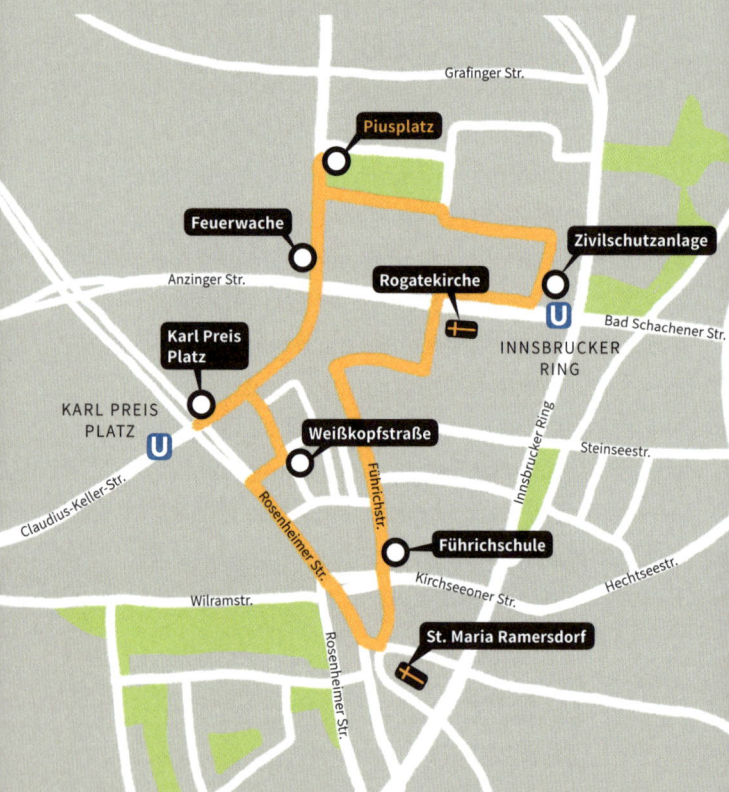

Grafinger Str.

Piusplatz

Feuerwache

Zivilschutzanlage

Anzinger Str.

Rogatekirche

Bad Schachener Str.

INNSBRUCKER RING

Karl Preis Platz

KARL PREIS PLATZ

Weißkopfstraße

Steinseestr.

Claudius-Keller-Str.

Rosenheimer Str.

Führichstr.

Innsbrucker Ring

Wilramstr.

Führichschule

Kirchseeoner Str.

Hechtseestr.

St. Maria Ramersdorf

Rosenheimer Str.

Feuerwache 5 Das 1951 eingeweihte Gebäude der Feuerwache 5, deren Wachgebiet etwa dreißig Quadratkilometer zwischen Au-Haidhausen, Giesing, Berg am Laim, Ramersdorf-Perlach und Bogenhausen umfasst, ist in die Jahre gekommen. Ab 2017 erhält die Wache daher für knapp hundert Millionen Euro einen Neubau und wird die zweite Schwerpunktwache der Berufsfeuerwehr München außerhalb der Altstadt. ➔ **Piusplatz** Vom Piusplatz aus hat man den besten Blick auf die katholische Pfarrkirche St. Pius. Mit Sitzbänken, Liegewiesen und Spielplätzen ist er beliebter Treffpunkt für Jung und Alt. ➔ **Zivilschutzanlage** Die Anlage in der Tiefgarage der U-Bahn-Station Innsbrucker Ring ist eine der größten in München und sollte in den Zeiten des Kalten Kriegs zum Schutz der Bevölkerung dienen.

Die Tour **Berg am Laim 2** kann mit der Tour **Ramersdorf** verbunden werden.

JÖRG-DIETRICH HASLINGER

RAMERSDORF
BILDUNG FÜR ALLE!

MEINE ERINNERUNG Ein bisserl abgesetzt von der Kirche mit dem grünen Zwiebelturm und dem „Alten Wirt" schließt die Führichschule den Dorfkern Ramersdorf nach Norden ab. Groß und mächtig wurde sie 1915 auf die magere Wiese gebaut. Wir Kinder kamen aus den umliegenden Siedlungen. Die meisten aus einfachen Familien und viele mit zwei Kilometern Fußweg und mehr.

1946 waren wir rund fünfzig Mädchen und Buben in der ersten Klasse. Die Armut war groß. Essen gab es nur auf Einkaufsmarken. Der Emil hatte immer Hunger und nie ein Pausenbrot. Da haben wir ihn bei uns beißen lassen. Er war satt und uns hat's nicht wehgetan. Auf dem Bubenklo hat er uns dann vorgemacht, wie man mit gezieltem Strahl eine Fliege auf einem Stückerl Käs erlegt. Da haben wir ihn bewundert.

Ramersdorf, „Rumoltesdorf" in den ersten Urkunden aus dem Jahr 1006, ist älter als München. Die Wurzeln des Stadtteils reichen über die Landnahme der Baiern 450 n. Chr. bis ins Keltische zurück.

Gletscherland, nämlich Lehm und Kies, trägt die Siedlung. Salz aus Hallein wurde auf dem Weg nach Norden durchs Dorf geführt. Der Wirt, die Handwerker und die Grundherren konnten davon leben. Wohlstand gab es erst, als Herzog Otto, Sohn Kaiser Ludwigs des Baiern, 1379 einen Splitter vom Kreuz Christi für die Kirche stiftete und die Leute zur Wallfahrt kamen.

Im frühen 20. Jahrhundert weitete sich der Siedlungsbau aus. Erste Sozialwohnungen entstanden. Dazu kamen in der NS-Zeit die Mustersiedlung, die „Kinderreichen-Siedlung" und nach dem Krieg die „Amisiedlung" an der Wilramstraße. Für Flüchtlinge brauchte man Raum und so wurden weitere Wohnanlagen zwischen **Führichschule** und Bad-Schache-ner-Straße hochgezogen.

Eine Trambahnlinie führte aus der Stadt zur Umkehrschleife an der Kirche, eine zweite bog durch die Kirchseeoner Straße nach Osten ab. Das trennte die Schule ein wenig vom Dorf ab. Als später die U2 über den Karl-Preis-Platz nach Riem und die U5 vom Ostbahnhof nach Neuperlach fuhren, erhöhte auch das den Wohnungsbedarf. Die Schülerzahlen der Führichschule stiegen.

Die Stadtväter hatten die Schule „auf Zuwachs" geplant und gebaut. Weil so im dritten Stock viel Platz war, konnte der Flugpio-nier Ernst Udet dort seine Konstruktionsbüros einrichten: 65 Flugzeuge wurden zwischen 1921 und 1926 entwickelt und dann in den Werkstätten an der Ottobrunner Straße gebaut.

Die Kellerräume nutzte man als Werkräume für die Buben und als Schulküche für die Mädchen. In dieser Schulküche wurde auch die

„Schulspeisung" aufgewärmt, ehe sie an die Kinder ausgeteilt wurde – eine großzügige Unterstützung durch die Amerikaner gleich nach dem Krieg.

Heute trifft sich auch der Verein Stadtteilgeschichte Ramersdorf e.V. in der Führichschule. Er pflegt ein Archiv und veranstaltet in der Stadtbibliothek Ausstellungen. Neben der Schule wurde eine moderne Sporthalle errichtet, die auch für bürgerschaftliche Zwecke genutzt wird.

Karte für Tour **Ramersdorf** und Tour **Berg am Laim 2**

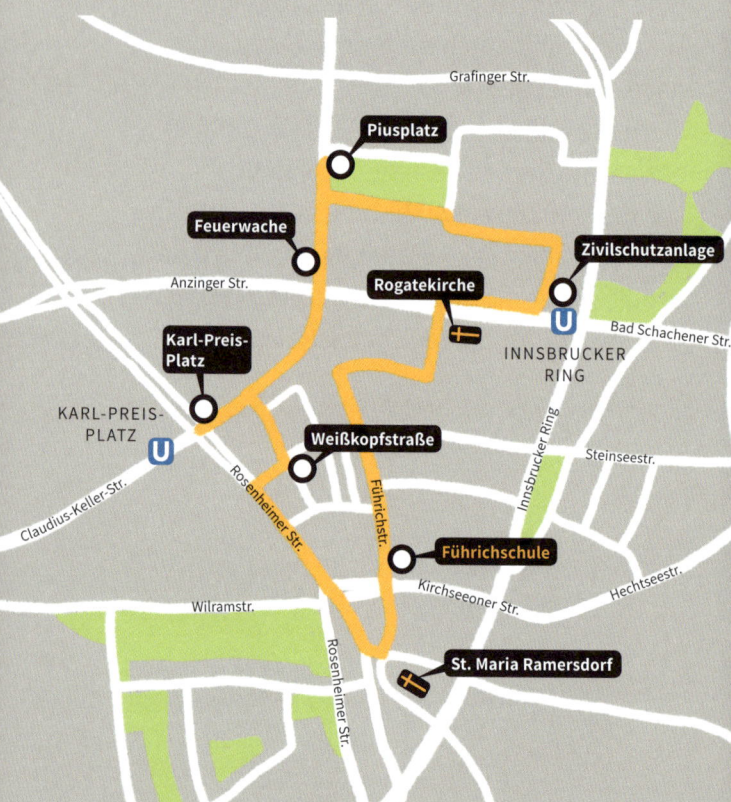

Grafinger Str.

Piusplatz

Feuerwache

Zivilschutzanlage

Anzinger Str.

Rogatekirche

INNSBRUCKER
RING

Bad Schachener Str.

Karl-Preis-
Platz

KARL-PREIS-
PLATZ

Weißkopfstraße

Rosenheimer Str.

Claudius-Keller-Str.

Führichstr.

Steinseestr.

Innsbrucker Ring

Führichschule

Kirchseeoner Str.

Hechtseestr.

Wilramstr.

St. Maria Ramersdorf

Rosenheimer Str.

Rogatekirche 1964 eingeweiht, war und ist sie „die feste Burg" im Münchner Osten. Zuflucht, Schutz und Sicherheit sollte sie „allen, die mühselig und beladen sind", gewähren. Damals den vielen Flüchtlingen, insbesondere aus Schlesien und Ostpreußen, heute Afrikanern, Syrern und Koreanern.
→ **Führichschule** 1915/18 wurde die Schule auf die grüne Wiese und „auf Zuwachs" für die Kinder aus den umliegenden Siedlungen gebaut. In ihr wurden Buben und Mädchen aus den unterschiedlichsten Sozialstrukturen zusammengeführt. → **St. Maria Ramersdorf** Die Wallfahrtskirche mit der grünen Zwiebelhaube und das Wirtshaus sind das Herz von Ramersdorf. Ein Splitter vom Kreuz Jesu führte zur Wallfahrt und der Barock zog ins Kirchengebäude (Ignaz-Günther-Altar). → **Weißkopfstraße** 1907 bis 1927 errichtete der „Verein für Verbesserung der Wohnverhältnisse" eine Siedlung kleinbürgerlicher (Eigentums)-Wohnungen. In der Weißkopfstraße sind die alten Bauten am besten erhalten.
→ **Karl-Preis-Platz (früher Melusinenplatz)** Karl Preis war der erste „Baureferent" von München. Er gilt als „Vater des sozialen Wohnungsbaus". Als Vorstand der GEWOFAG ließ er stadteigene Mietshäuser um den Melusinenplatz errichten. Der Platz wurde zur Begegnungsfläche für die Bürger. Moderne Kunst wie der „Blockwälzer" (Fritz Koelle) wurde von den Nationalsozialisten geschändet (Neuerrichtung 1976). Der „Melusinenbrunnen" (Adolf Rothenberger, 1939) begeisterte die Buben rundum.

Die Tour **Ramersdorf** kann mit der Tour **Berg am Laim 2** verbunden werden.